HEYNE

MONIKA WITTBLUM
SANDRA LÜPKES

WORAN
ERKENNT MAN EIN
ARSCH-
LOCH?

Für jeden Quälgeist
eine Lösung

WILHELM HEYNE VERLAG
MÜNCHEN

Verlagsgruppe Random House FSC® N001967
Das für dieses Buch verwendete FSC®-zertifizierte Papier
Super Snowbright liefert Hellefoss AS, Hokksund, Norwegen.

2. Auflage
Copyright © 2013 by Wilhelm Heyne Verlag, München,
in der Verlagsgruppe Random House GmbH
Redaktion: Dr. Annalisa Viviani, München
Umschlaggestaltung: Hauptmann & Kompanie Werbeagentur, Zürich
Satz: EDV-Fotosatz Huber/Verlagsservice G. Pfeifer, Germering
Druck und Bindung: GGP Media GmbH, Pößneck
Printed in Germany 2013
ISBN: 978-3-453-20030-2

www.heyne.de

Inhalt

Vorwort

Zugegeben, es gibt attraktivere Buchtitel als unseren. Und trotzdem haben Sie zugegriffen. Wir vermuten, es liegt daran, dass Sie derzeit ganz akut von Arschlöchern umgeben sind. Oder auch nur von einem einzigen, das reicht schließlich vollkommen aus, um sich den Tag verderben zu lassen.

Und nun sind Sie drauf und dran, auf rund zweihundert Seiten mit diesen unangenehmen Zeitgenossen auf Tuchfühlung zu gehen. Mal ehrlich – weshalb tun Sie sich das freiwillig an?

Wir denken, es hat denselben Grund, aus dem wir uns entschieden haben, dieses Buch zu schreiben: Da Arschlöcher überall lauern und sich wohl nicht ändern werden, sollte man sie idealerweise so früh wie möglich als solche entlarven und im Umgang mit ihnen souveräner werden.

Dies bedeutet aber auch, dass man sich zwangsläufig näher mit ihnen beschäftigen muss. Über einen längeren Zeitraum. Oder rund zweihundert Seiten lang. Ist das schlimm? Tut das weh? Kann dabei etwas passieren?

O ja, es kann etwas passieren, und zwar etwas ganz Gewaltiges. Wir haben es während der Entstehung dieses Buches beide am eigenen Leib erfahren.

Obwohl wir uns aus unterschiedlichen beruflichen Ecken – Literatur die eine, Psychologie die andere – dem Thema genähert haben, einte uns eines von Anfang an: die Neugierde auf den Menschen mit all seinen Facetten. Das Offensichtliche ist dabei eher nebensächlich, schließlich zeigen nicht alle Zeitgenossen auf Anhieb ihr wahres Gesicht, und ein Strahlemann kann sich über kurz oder lang als finsterer Charakter entpuppen.

Wenn Sie jetzt allerdings eine Liste erwarten, die man abhaken kann, um festzustellen: »Ja, ich hatte recht, mein Chef ist ein Arschloch« oder »Nein, zum Glück, meine neue Flamme ist keines« – dann müssen wir Sie leider enttäuschen. So einfach wird das nämlich nicht werden, wäre auch schade. Denn für eine so simple Antwort ist die Frage, die wir stellen, viel zu interessant.

Deswegen machen wir es richtig spannend, stellen Ihnen im ersten Teil schon mal die Merkmale vor, die alle Arschlöcher gemeinsam haben; wir berichten, wie es bei den ganz harten Fällen zugeht und worin das nervtötende Verhalten eigentlich begründet ist.

Im zweiten Teil begegnen wir gleich zwölf verschiedenen Arschloch-Typen, erleben sie in Aktion in ganz normalen Alltagsgeschichten, die wir von zahlreichen Freunden und Bekannten bei unserer Recherche mit Begeisterung erzählt bekommen haben – und bei denen sich Ihnen die Nackenhaare aufstellen werden. Meine Güte, es gibt aber auch wirklich unangenehme Gestalten, und die kommen einem immer so schrecklich bekannt vor …

Das Beste erwartet Sie jedoch zum Schluss, man kann schließlich nicht über die Macken anderer reden, ohne sich selbst kritisch unter die Lupe zu nehmen: Finden Sie heraus, ob Sie eventuell sogar selbst das Zeug zum Arschloch haben.

Nehmen Sie schon jetzt Anstoß an dem Begriff *Arschloch*? Das haben auch wir getan und lange nach einem gleichwertigen Ersatzwort gesucht. Blödmann? Nein, es gibt schließlich auch jede Menge Frauen mit entsprechendem Potenzial, und um die soll es ja ebenso gehen. Schuft? Bösewicht? Armleuchter? Das hätte eventuell noch bei unseren Großmüttern die Neugierde geweckt. Irgendwann waren wir uns einig: Es gibt kein Wort, das es mit dem Begriff *Arschloch* aufnehmen kann. Kein Wort ist einerseits so kraftvoll böse und andererseits so wohltuend befreiend. Also bleibt es dabei. Wir trauen uns den Titel zu.

Was genau kann denn jetzt passieren, wenn Sie sich den Arschlöchern nähern – und zwar von überall, von der blendenden Front und der finsteren Rückseite?

Es könnte sein, dass Sie Spaß daran bekommen. Ja, wirklich, Sie freuen sich geradezu, sollte Ihnen mal wieder jemand blöd kommen. Anders als früher, wenn Sie schlechte Laune verspürten und an sich und der Welt zu zweifeln begannen, können Sie als echter Arschloch-Experte nun eine neue Position einnehmen. Einfach einen Schritt zurücktreten, das Exemplar betrachten, es analysieren, seine eigenen Befindlichkeiten neu justieren – und die Sache als erledigt sehen. Wenn es richtig gut läuft, wird Ihnen vielleicht sogar danach zumute sein, dem Arschloch die Hand zu schütteln und sich zu bedanken, dass es Ihnen die Gelegenheit gegeben hat, wieder etwas Neues über sich selbst zu erfahren.

Also, viel Spaß beim Lesen. Viel Spaß beim Analysieren. Und seien Sie sicher: Das nächste Arschloch kommt bestimmt!

Sandra Lüpkes und Monika Wittblum

TEIL 1

Wer oder was ist eigentlich ein Arschloch?

Wer einem waschechten Arschloch gegenübersteht, merkt das ganz von allein. Die Begegnung löst nämlich deutliches Unbehagen aus, man fühlt sich klein, mies, dumm, genervt oder betrogen, schlimmstenfalls sogar alles zusammen.

Ob es der nörgelnde Kollege ist, der einem tagtäglich beim Meeting begegnet, die aufdringliche Vereinsschwester, mit der man es einmal die Woche beim Volleyball aushalten muss, die geizige Schwägerin während des jährlichen Familientreffens oder der pedantische Finanzbeamte, der einem alle Jubeljahre das Leben zur Hölle macht – man würde liebend gern auf derartige Gesellschaft verzichten. Kann es aber leider nicht …

Meistens sucht man den Grund erst einmal bei sich selbst. Bin ich etwa zu empfindlich? Vielleicht muss man diesen Menschen einfach ein bisschen lockerer nehmen. Der ganze Sermon, den er den lieben langen Tag von sich gibt, kann doch zum einen Ohr rein und zum anderen wieder raus, damit hätte sich das Ärgernis schnell erledigt, oder? Leider bringt ein solcher Vorsatz bestenfalls

Erleichterung auf Zeit, früher oder später ist man wieder an dem Punkt angelangt, wo man sich klein, mies, dumm und betrogen fühlt.

Jeder weiß, wie befreiend es dann sein kann, für sich im Stillen oder auch laut heraus zu sagen: »Was für ein Arschloch!« Mit diesem Wort entlädt sich eine ganze Menge.

> Aber Vorsicht, laut Strafgesetzbuch ist der Begriff »Arschloch« – an einen Menschen gerichtet – als Beleidigung anzusehen und wird, wenn es zur Anzeige kommt, nach § 185 mit bis zu einem Jahr Freiheitsstrafe oder einer Geldstrafe geahndet. Die offiziellen Definitionen des Begriffs Arschloch können relativ schlicht (»Schimpfwort für eine dumme Person«[1]) bis psychologisch tiefgründig (»Bezeichnung für Menschen, die sich selbst übermäßig erhöhen und deshalb von anderen als kränkend gesehen werden«[2]) formuliert sein.

Interessanterweise können Menschen neben ein und demselben Zeitgenossen stehen und sich in dessen Gegenwart wunderbar oder grauenhaft fühlen. Es scheint, als wären die einen immun gegen dessen Bösartigkeit, während sich die anderen in Abneigung winden.

Würde man hundert Personen fragen, welche Merkmale einem Menschen echte Arschloch-Qualitäten verleihen, es gäbe hundert verschiedene Antworten. Vielleicht sogar doppelt so viele, denn je länger man darüber nachdenkt, desto mehr Charakter(schwein)-züge fallen einem ein. Wir wissen, wovon wir sprechen, denn wir haben im letzten Jahr bei jeder passenden und unpassenden Gelegenheit das Gespräch auf dieses Thema gelenkt. Diese Frage ist übrigens ein idealer Einstieg für ziemlich unterhaltsame Partydiskussionen: »Wer oder was ist eigentlich ein Arschloch?« Der Zündstoff wird für den Rest des Abends nicht ausbleiben, versprochen.

»Es treibt mich regelrecht in den Wahnsinn, wenn mein Nachbar mir dauernd erklären zu müssen meint, wie ich meinen Rasen zu mähen, zu düngen und zu wässern habe!« Dem wäre nichts hinzuzufügen, außer vielleicht: unser herzliches Beileid, Besserwisser sind wirklich schwer zu ertragen. Viele andere wählen auch den Choleriker in die Top Ten der nervigsten Zeitgenossen, weil dieser grundlos herumschreit, andere zur Schnecke macht, unberechenbar scheint. Doch das Gegenteil davon ist auch nicht viel besser: Diejenigen, die tapfer lächelnd jeden Konflikt unter den Teppich kehren, treiben einen mit ihrem Harmoniegetue irgendwann selbst zur Weißglut.

Die Bandbreite ist immens. Es ist sozusagen für jeden Geschmack etwas dabei.

Im zweiten Teil des Buches haben wir immerhin zwölf verschiedene Typen aufgelistet und jeden einzelnen von ihnen analysiert. Außer den bereits erwähnten Exemplaren haben wir uns noch die Schnorrer und Abgreifer, die Unheilspropheten, Distanzlosen, Querulanten, Missgönner, Egomanen und notorischen Lügner genauer angesehen. Sogar dem von uns sogenannten Pseudoarschloch haben wir ein eigenes Kapitel gewidmet. Wahrscheinlich werden Sie feststellen, dass es darunter Charakterbeschreibungen gibt, bei denen Sie denken: Was soll denn daran sofurchtbar sein? Da kann man doch ganz locker darüber weglächeln. Ist doch nett, wenn der Nachbar einem Ratschläge für die richtige Gartenpflege gibt!

Und doch hat jede Arschloch-Unterart ihren berechtigten Platz in diesem Buch gefunden. Weil es eben Menschen gibt, die sich durch deren Verhalten mehr als nur ein bisschen belästigt fühlen.

Bezeichnenderweise bedeutet die berühmte Geste – Daumen und Zeigefingerspitze treffen zusammen und bilden ein Loch –, mit der so mancher Autofahrer seine Verachtung für den Parkplatz-klauer nonverbal zum Ausdruck bringt, bei Tauchern, beim Militär oder Rettungswesen, dass alles in bester Ordnung ist. Ist also auch die Einteilung in Arschloch und Nicht-Arschloch so etwas wie ein Missverständnis? Für den einen o.k., für den anderen k.o.?

Jein.

Ob jemand ein Arschloch ist oder nicht, liegt nicht ausschließ-lich an der Person selbst. Zwar bringt der oder die Betreffende schon mal durch seine/ihre extreme Verhaltensweise das nötige Potenzial mit – darauf gehen wir auf den nächsten Seiten noch gründlicher ein –, doch inwiefern er/sie damit auf entsprechende Ablehnung stößt, ist eine eher interaktive Angelegenheit. Niemand sollte einen Stempel auf die Stirn gedrückt bekommen, der ihn/sie dieser ungeliebten Kategorie zuordnet. Wer weiß, vielleicht halten manche ihn/sie ja für absolut erträglich. Zudem könnten auch wir selbst von dem einen oder anderen schon als Arschloch abgestem-pelt worden sein. Wollen wir das auf uns sitzen lassen?

Das Empfinden, ein Arschloch vor sich zu haben, ist erst einmal rein subjektiv. Es ist eine Sache zwischen zwei Menschen. Vergleichen wir es mit einem Sender, der seine Signale in die Welt hinaus-schickt. Ob und auf welcher Frequenz diese wahrgenommen werden, hängt von der Wellenlänge des Empfängers ab. Bei einem kommt Musik heraus, bei dem anderen nur Rauschen und beim dritten ein unerträglicher Störton.

Kommunizieren Menschen miteinander, geht es immer um Ak-tion, Reaktion und deren Deutung. Warum schaut der Typ mich so schräg an? Was sollte der unverschämte Satz mit den Speckröll-chen? Wie soll ich darauf reagieren? Kostet mich die Erwiderung lediglich ein Lächeln oder jede Menge Nerven? Mache ich am bes-ten richtig Rambazamba? Oder habe ich das alles eventuell auch nur in den falschen Hals bekommen …

Keine unbekannten Gedanken, oder?

Deswegen kann es durchaus passieren, dass sich Ihre beste Freundin in einen Kerl verliebt, der Ihnen auf den ersten Blick absolut zuwider ist. Weil sie es eben mag, wenn in einer Beziehung die Fetzen fliegen oder sie dessen krankhafte Eifersucht als ultimativen Liebesbeweis wertet.

Anderes Beispiel: Wundert es Sie, dass Ihr Kollege im Gegensatz zu Ihnen die despotischen Allüren des Abteilungsleiters klaglos hinnehmen kann? Tja, für ihn ist es wahrscheinlich absolut okay, einen Chef zu haben, der ihm die Richtung vorschreibt und etwas Druck macht, damit er in die Hufe kommt und sich anstrengt. Die beiden funken eben auf einer völlig anderen Frequenz als Sie.

Wenn wir hier also über Arschlöcher reden, die verschiedenen Typen aufzählen, Tests und Selbsthilfemaßnahmen anbieten, dann hat das nicht nur mit den unangenehmen Mitmenschen, sondern immer auch mit Ihnen selbst zu tun. Um bei dem eben erwähnten Bild zu bleiben: Dieses Buch beschäftigt sich weder ausschließlich mit den Sendemasten noch mit den Empfangsgeräten, sondern vor allem mit den vielen unsichtbaren Dingen, die sich zwischen beiden abspielen.

Oder – anders gesagt – Arschloch ist, was man draus macht.

Sind Arschlöcher böse Menschen?

Wahrscheinlich nicht. Oder nur in seltenen Fällen. Sie haben nämlich – tiefenpsychologisch betrachtet – ihre guten Gründe, so zu sein, wie sie sind.

Aber sie machen uns böse. Wir fühlen uns durch ihr Verhalten dermaßen provoziert, dass wir ihnen den unschönen Begriff »Arschloch« wie eine Keule vor den Kopf knallen. Gut, das mag im ersten Moment so richtig wohltuend sein, der Frust ist raus, die Sache beim Namen genannt. Doch hilft uns diese Form von verbaler oder nonverbaler Gewalt langfristig weiter? Nein, überhaupt nicht. Wir fühlen uns schlecht behandelt, also schlagen wir zurück, indem wir den anderen zum bösen Menschen deklarieren. Leider besteht das Verhältnis aber weiterhin, und höchstwahrscheinlich wird sich unser nerviger Nachbar nicht davon abhalten lassen, uns die Flora im heimischen Garten zu erklären, bloß weil wir ihm mal ordentlich die Meinung gegeigt haben. Es wird eher schlimmer werden.

Dieses Buch soll eine andere Richtung einschlagen, weg von Vorverurteilung und Rasterdenken, hin zum Kern der Sache: Zum Umgang mit dem anderen. Warum lassen wir uns durch ein bestimmtes Verhalten so aus der Fassung bringen? Was erbost uns so? Ist unsere Reaktion möglicherweise auf eine gewisse Ähnlichkeit zwischen uns und dem Arschloch zurückzuführen?

Über die Frage, was gut und was böse ist, haben sich schon viele kluge und weniger kluge Menschen den Kopf zerbrochen.

> Zitate von A wie Konrad Adenauer (»Machen Sie sich erst einmal unbeliebt, dann werden Sie auch ernst genommen«) bis Z wie Heinrich Zille (»Jeder schließt von sich auf andere und vergisst, dass es auch anständige Menschen gibt«).

Moral ist abhängig von Gesellschaft, Sozialstatus und vielen anderen Faktoren. Sämtliche Weltreligionen setzen sich damit auseinander, was der gerechte Mensch tun oder besser lassen sollte. Sie sind sich dabei auch in den wesentlichen Punkten erstaunlich einig: Mord, Diebstahl, Betrug, Ehebruch, Gewalt, Skrupellosigkeit, Missgunst, Maßlosigkeit – diese Vergehen werden eigentlich überall negativ bewertet. Natürlich immer mit einem *Es sei denn* im Hinterkopf. Genau diese drei Wörter machen die Frage nach Gut und Böse kompliziert.

Totschlag ist eine furchtbare Sache – *es sei denn*, man kann nur auf diese Weise andere Menschenleben retten. Diebstahl gehört sich nicht – *es sei denn*, man entwendet einen Sack Mehl aus der Vorratskammer des wohlhabenden Großbauern, um die eigene Familie vor dem Verhungern zu retten. Skrupellosigkeit gegenüber den Mitmenschen richtet viel Schaden an – *es sei denn*, man muss als Wirtschaftssanierer eine Firma vor dem endgültigen Aus retten und dafür einige langjährige Mitarbeiter entlassen.

Es ist also nicht ganz einfach, am Handeln eines Menschen zu erkennen, ob er wirklich bösartig ist oder vielleicht im betreffenden Fall einen triftigen Grund hat, wider die allgemeinen Sitten zu handeln. Wobei sich hier bereits eine kleine Unschärfe einschleicht, die für den Umgang mit unserem Thema typisch ist. Der Tatbestand der Grenz- oder Gesetzesüberschreitung bleibt bestehen: Diebstahl ist Diebstahl, Mord ist Mord, Betrug ist Betrug. Doch wie wir diese Handlung bewerten, kann sich durch die Veränderung der geltenden Maßstäbe oder Gesetze ändern und für sogenannte mildernde Umstände sprechen.

Bezeichnen wir jemanden als Arschloch, beleidigen wir den Gemeinten. Wir handeln gegen die guten Sitten und tun ebenfalls etwas Böses. Aber wir haben einen Grund dazu – wir würden nämlich sonst explodieren. Besser wäre natürlich, es gäbe eine andere Strategie, mit der wir unserem berechtigten Ärger Luft machen können, ohne uns auf dieselbe Ebene zu begeben. Eine Art Überdruckventil, bei dem wir eine saubere Weste behalten.

Hat ein Arschloch die bessere Strategie, in der Gesellschaft voranzukommen?

Zwar wird der Menschheit oft Egoismus vorgeworfen, jeder sei sich selbst der Nächste, wolle seine Gene erfolgreich verbreiten, das größte Stück Fleisch essen, Macht über andere ausüben. Doch dieses negative Bild ist eigentlich falsch: Menschen sind in erster Linie soziale Wesen. Wir haben schon früh erkennen müssen, dass wir den Gefahren der Welt am besten trotzen, indem wir uns zu einer Gruppe zusammenschließen. Die einen gehen jagen, die anderen sammeln Pflanzen, bewachen das Feuer, kümmern sich um den Nachwuchs, holen das Wasser … Jeder leistet nach den ihm gegebenen Möglichkeiten seinen Teil zum Erfolg der Gemeinschaft und bekommt als Gegenleistung den Schutz der gesamten Sippe.

Damit dieses Zusammenspiel für alle gleichermaßen funktioniert, werden diejenigen, die gegen geltende Regeln verstoßen, bestraft. Dieses Verhalten findet sich sogar im Tierreich wieder. Raben, die einem anderen Vogel die Beute aus dem Schnabel reißen, werden von eigentlich unbeteiligten Dritten angegriffen, damit sie dieses Fehlverhalten in Zukunft unterlassen.[3]

Schon im Vorschulalter bekommen Kinder, die anderen das Spielzeug wegnehmen oder sie an den Haaren ziehen, ihr Fehlverhalten zurückgezahlt und werden nicht mehr zum Geburtstag eingeladen. Wer trifft sich denn schon freiwillig mit einem, von dem man sonst ständig geärgert wird? Ein normal entwickeltes Kind wird feststellen, dass es immer allein auf dem Spielplatz steht und von den anderen keine Schokolade mehr abkriegt, und irgendwann sein Verhalten ändern. Es wird sich mit denen vergleichen, die beliebter sind – und versuchen, es ihnen nachzumachen. Das ist die normale, fast ideale Entwicklung, die ungefähr im Alter von elf Jahren abgeschlossen ist.[4] Dann hat der Mensch seine Vorstellung von Moral verinnerlicht und handelt entsprechend, ohne jedes Mal grübeln zu müssen, was denn nun richtig oder falsch ist. Natürlich gibt es auch Kinder, die eine andere Strategie wählen und noch härtere Methoden anwenden, um sich zu behaupten. Sie schüchtern die anderen ein, erzwingen sich Geburtstagseinladungen und beschaffen sich Schokolade mit Gewalt. So kommen sie vielleicht schneller ans Ziel, als wenn sie ihr Verhalten geändert hätten. Doch sie werden innerhalb ihrer Gruppe immer ausgegrenzt bleiben und an einer wirklichen Gemeinschaft nicht teilnehmen dürfen.

> Auch ökonomische Simulationstests, bei denen Großzügigkeit und Fairness in verschiedenen Kulturen untersucht wurden, kommen zu dem Ergebnis, dass die allermeisten Mitmenschen kein Interesse haben, andere übers Ohr zu hauen. Und wenn sie es doch tun, werden sie von der Gruppe bestraft und ausgegrenzt – bei geizigen Mitspielern war der soziale Status am Ende der Simulation niedriger als zuvor.[5]

Es scheint sich zu lohnen, ein Mensch zu sein, der die sozialen Regeln seiner Bezugsgruppe befolgt. Auf lange Sicht ist es die erfolgreichere Strategie. Aus diesem Grund sind die meisten Menschen grundsätzlich wohlgesonnen und vertrauenswürdig.

Trotzdem pflegen wir ein gesundes Misstrauen. Wer würde einem Wildfremden seine Wohnungsschlüssel in die Hand drücken? Derlei Vorsicht hat ihre evolutionstechnische Berechtigung: Einerseits schützt sie uns vor Menschen, die von Fairplay nichts halten; andererseits fördert sie auch den Wunsch, andere näher kennenzulernen, um besser herauszufinden, ob man sich auf sie verlassen kann. Wir wollen Kontakt miteinander aufnehmen, voneinander lernen und profitieren. Und wenn wir dabei feststellen, dass einer dabei ist, der uns eher schadet als nützt, gehen wir ihm aus dem Weg. Soll er doch sehen, wo er bleibt.

Es kann also durchaus sein, dass ein Fiesling auf den ersten Blick durchaus erfolgreich erscheint, weil er sich die Dinge, die ihn in die obere Liga katapultierten, ohne Rücksicht auf Verluste beschafft hat. Doch der zweite Blick relativiert das Ganze wieder: Im Grunde steht das Arschloch ziemlich allein da. Niemand kann es wirklich leiden.

Wo im Gehirn ist man ein Arschloch – kann man das etwa im CT sehen? Und wenn ja, lässt sich da was wegoperieren?

Laut Hirnforschung sitzt das »schlechte Gewissen« im paralimbischen System, der Hirnregion im Bereich der sogenannten Amygdala, in der beispielsweise Angst, Mitleid und Impulskontrolle ihren Ursprung haben. Hier verknüpfen wir das Wissen, dass schlechte Taten böse Folgen für uns und unsere Mitmenschen haben können. Untersuchungen haben gezeigt, dass diese Regionen bei Schwerverbrechern und Psychopathen deutlich weniger Aktivität aufweisen.[6] Die Impulskontrolle, die uns davon abhält, unsere Begehren sofort und ohne Rücksicht auf Verluste zu befriedigen, wird vom präfrontalen Cortex gesteuert. Sind diese Areale verletzt oder durch Krankheit lahmgelegt, benehmen sich die betroffenen Personen seltsam kalt, gehen hohe Risiken ein und sind nicht in der Lage, rationale Entscheidungen zu treffen, was sie zu sozialen Außenseitern werden lässt.[7]

2011 wurde in Italien eine geständige Mörderin zu einer vergleichsweise milden Strafe verurteilt, weil die Frau eine genetische Mutation aufwies, die im Verdacht steht, durch einen veränderten neurochemischen Prozess die Neigung zu Aggression zu steigern.[8]

Gibt es im Gehirn also eine Art Schaltzentrale, die uns gut oder böse werden lässt? Tatsächlich arbeiten einige Hirnforscher daran, diese verkümmerten grauen Zellen im Inneren des Großhirns durch gezielte Stimulation zu trainieren.[9] Ob dadurch ein gewissenloser Mistkerl zum barmherzigen Samariter wird, ist bislang weder bewiesen noch widerlegt.

Jedes Gehirn ist in seinem Aufbau und seiner Struktur einzigartig, es gibt heutzutage noch keine Wissenschaft, die einwandfrei belegt, dass unsere Persönlichkeit – also auch unsere Tendenz, ein Arschloch zu sein oder nicht – auf einem Bild sichtbar wird. Wir gehen ohnehin davon aus, dass der Mensch weit mehr als nur eine Marionette seiner Gehirnstruktur ist. Mitgefühl, Zusammengehörigkeit und Vertrauen – die Eckpfeiler der Menschlichkeit – kann man nur lernen, wenn man es als Kind selbst erfahren hat. Anders formuliert: Niemand wird als Widerling geboren.

Doch die Frage, ob es eine Möglichkeit gibt, den unangenehmen Zeitgenossen mit einer Therapie, einem körperlichen Eingriff oder einfach nur mit gutem Willen zu ändern, stellt sich uns in diesem Buch gar nicht. Wir sind uns nämlich ziemlich sicher, dass die cholerische Chefin oder der aufdringliche Vereinsvorsitzende sich selbst völlig in Ordnung findet und gar keinen Anlass sieht, sich ändern zu müssen. Da gibt es keinen Hebel, an dem wir ansetzen könnten.

Wenn Sie Ihr Leben wieder angenehmer gestalten wollen, obwohl in absehbarer Zukunft weiterhin regelmäßig dieses Arschloch auftauchen wird, dann könnten Sie bei sich selbst anfangen. Und das geht glücklicherweise ohne Skalpell.

Wie hoch ist eigentlich die Arschloch-Dichte? Und wo findet man die meisten Exemplare?

Eine solche Statistik hat unseres Wissens noch niemand erstellt. Wie denn auch, diese wäre schließlich rein subjektiv. Wie wir ja inzwischen wissen, setzt jeder andere Maßstäbe dafür, wer in die Berechnungen aufgenommen werden soll und wer nicht.

Die einzige Abhandlung, auf die man eventuell zurückgreifen könnte, ist eine Studie über Psychopathen. Nun ist nicht jedes Arschloch gleich ein Psychopath, schließlich handelt es sich dabei um Menschen, die im Umgang mit anderen schwer gestört sind und deswegen extrem gefährlich werden können. Jedoch gibt es einige Symptome, die sich durchaus miteinander vergleichen lassen: mangelnde oder gänzlich fehlende Empathie, wenig bis gar nicht ausgeprägtes Schuldbewusstsein, Neigung zu Aggression oder Manipulation.

Der renommierte kanadische Kriminalpsychologe Robert D. Hare entwickelte eine Checkliste zur Erkennung psychopathischer Persönlichkeitsstörungen.[10] Rund ein Viertel der inhaftierten Schwerverbrecher seiner Studie wies entsprechend dissoziale Züge auf. Laut Schätzung beträgt der gesamte Psychopathenanteil der männlichen Bevölkerung in den USA circa 1 Prozent.

Etwas salopp auf Deutschland, Österreich und die Schweiz übertragen würde dies bedeuten, dass wir es insgesamt mit knapp einer

Million Psychopathen zu tun hätten. Auffällig an ihnen ist beispielsweise ihr manipulatives, emotionsloses und zu Aggression neigendes Verhalten. Ob sie kriminell werden, hängt wiederum von anderen Faktoren ab, beispielsweise von ihren frühkindlichen Prägungen oder auch von ihrer Intelligenz.

Ein Arschloch zu sein oder sich wie eines zu verhalten ist ja an sich kein Straftatbestand, und deshalb kann man zu der naheliegenden Vermutung kommen, dass die richtig unangenehmen Zeitgenossen nicht alle im Gefängnis einsitzen, sondern auch ganz woanders zu finden sind: in den obersten Chefetagen beispielsweise, an den entscheidenden Hebeln der Politik oder im Scheinwerferlicht der Medien. Ganz ehrlich, Sie haben sich bestimmt schon gefragt, was zuerst da war, der miese Charakter oder der Job als Vorstandsvorsitzender.

Tatsächlich ist eine gewisse Skrupellosigkeit zumindest nicht schädlich, wenn man sich auf einem hart umkämpften Markt durchsetzen will. Wer ein Unternehmen leitet, muss schließlich auch unangenehme Entscheidungen wie Kündigungen oder Lohnkürzungen treffen, und das fällt wesentlich leichter, wenn man das Mitgefühl für die Betroffenen ausblendet. Ein Versicherungsangestellter sollte in der Lage sein, unter verordnetem Sparzwang in bestimmten Fällen Anträge abzulehnen, auch wenn die betroffenen Personen verzweifelt sind und einen schlimmen Schaden erlitten haben. Eine Schauspielerin muss jede Chance nutzen, um auf sich und ihr Talent aufmerksam zu machen, selbst wenn das bedeutet, einer guten Freundin die Hauptrolle wegzuschnappen. Sind diese Menschen deswegen gefühlskalte Wesen? Natürlich nicht. Doch Verantwortung, Entscheidungskompetenz und Konkurrenz sind nun mal nichts für Sensibelchen. Deswegen ist es normal, dass sich auf den begehrten Plätzen der Gesellschaft weit häufiger auch Zeitgenossen finden lassen, denen es nur um sich selbst geht und die keinen Gedanken an das Leid ihrer Mitmenschen verschwenden.

Leider beruht die Annahme, dass sich in den Chefetagen überdurchschnittlich viele Bösewichte finden lassen, in erster Linie auf Spekulationen. Welcher gestresste Manager begibt sich in seiner knapp bemessenen Freizeit schon freiwillig in die Hände eines Verhaltensforschers, der vorhat, seinen Charakter auf psychopathische Elemente hin zu untersuchen? Da sind die Strafgefangenen in den Gefängnissen weit einfacher für wissenschaftliche Studien zu gewinnen.

Interessant ist die These, dass ein Fiesling auf dem Chefsessel einem Unternehmen auf lange Sicht eher schadet als nützt (obwohl alle, die schon mal Opfer eines oder einer unausstehlichen Vorgesetzten wurden, diese Behauptung bestimmt sofort bekräftigen). Es ist wissenschaftlich erwiesen, dass eine Kränkung ungefähr fünf Erfolgserlebnisse braucht, um wieder ausgeglichen zu werden.[11] Wurde ein Mitarbeiter also unverhältnismäßig zusammengestaucht, dauert es eine ganze Weile, bis er wieder aus dem Motivationstief herauskommen kann. So lange schränken ihn die negativen Gefühle, die die Begegnung mit dem emotionalen Trampeltier ausgelöst haben, in seiner Arbeitskraft ein. Widerliche Chefs sorgen also dafür, dass es in ihrem Betrieb an positiver Energie fehlt. Es gibt inzwischen zahlreiche ökonomische Modelle, wie man die Arschloch-Dichte in einem Betrieb niedrig hält, um solchen Entwicklungen entgegenzuwirken.[12]

Ist das typische Arschloch männlich oder weiblich?

Die Frage, ob Männer und Frauen gleichermaßen in der Scheusal-Fraktion vertreten sind, kann nicht wirklich statistisch belegt werden, da der oben erwähnte Psychopathentest auf Männer zugeschnitten wurde und nicht eins zu eins für weibliche Probanden übernommen werden kann. Das unmoralische bis kriminelle Handeln zeigt nämlich deutliche geschlechtsspezifische Unterschiede. Frauen sind beispielsweise viel besser in der Lage, sich ihren miesen Charakter nicht anmerken zu lassen, sie lächeln ihre Opfer an, während sie ihnen hinten herum zusetzen. Zurückzuführen ist diese Doppelgesichtigkeit auf das weibliche Vermögen, sich in Mitmenschen hineinzudenken. Bei Frauen läuft viel über die Kommunikation, auch die nonverbale. Männer hingegen überspielen ihre Feindseligkeit nicht, warum sollten sie, es ist doch gut, wenn gleich klar ist, wer die Richtung vorgibt.

Auch die Motive, weshalb Männer oder Frauen zum Angriff übergehen, sind oft grundverschieden. Eine kriminologische Hypothese besagt beispielsweise: Männer töten, weil sie etwas nicht hergeben möchten, Frauen indessen töten, um sich von etwas zu befreien oder um sich und ihre Kinder zu schützen

Die Befunde der Polizeilichen Kriminalstatistik[13] geben ausführlich Auskunft über den Umfang der geschlechtsspezifischen Kriminalität: Der Anteil weiblicher Tatverdächtiger liegt mit einem knappen Viertel deutlich unter dem männlicher Tatverdächtiger. Darüber hinaus trifft nur jeder fünfte Schuldspruch in einem Strafverfahren eine Frau, entsprechend ist die große Mehrheit der in Deutschland Inhaftierten – nämlich 95 Prozent – männlich. Auch deliktspezifisch sind deutliche Unterschiede zu erkennen: Während Frauen eher unter Betrugs- oder Diebstahlsverdacht stehen, machen sich Männer wegen Körperverletzung, Verstößen gegen das Betäubungsmittelgesetz oder Sachbeschädigung strafbar.

Zu regelrechten »Berufsverbrechern« werden jedoch eher Männer, sie entwickeln auch häufiger antisoziale, sadistische oder psychopathische Züge. Ein Zusammenhang zwischen der Konzentration des männlichen Geschlechtshormons Testosteron und der

Neigung zu Aggression, Revierkampfverhalten und Machtdemonstration – allesamt typisch kriminelle Motive – ist wissenschaftlich erwiesen.[14]

Um Missverständnissen vorzubeugen: Diese Statistiken belegen nicht, dass Männer die schlechteren Menschen sind und somit auch öfter als Aufwiegler in Erscheinung treten, sondern lediglich, dass sie eher zu impulsiven, gewaltsamen und destruktiven Handlungen neigen, die nicht nur gegen moralische, sondern auch gesetzliche Regeln verstoßen. Frauen bevorzugen da eher ein anderes Vorgehen, wüten in zwischenmenschlichen Bereichen, schaden anderen durch sprichwörtliche List und Tücke.

Nun wird es pathologisch oder: Was ist eigentlich normal?

In diesem Buch wollen wir erst einmal von den ganz normalen Alltagsarschlöchern reden, also von den Menschen, denen man im Beruf, im Freundeskreis oder in der Familie ausgesetzt ist und über die man sich immer wieder schrecklich ärgert, weil sie es permanent schaffen, dass man sich in ihrer Gegenwart mies fühlt.

Und zwar nicht mal eben, weil das Wetter vielleicht schlecht ist, die Börsenkurse im Keller sind oder zu Hause der Haussegen schief hängt. Unter speziellen Umständen wird jeder – wirklich jeder – zwischendurch mal zu einem Miststück auf Zeit. Das ist absolut verzeihlich und nicht der Rede wert.

Wir kümmern uns hier aber um das dauerhafte Arschloch, das ständig und ohne erkennbaren Grund andere herunterputzt, selbst bei Sonnenschein und blauem Himmel.

Und ohne dass wir einen Anlass gegeben hätten.

Was hat es mit diesen Menschen auf sich?

Was wir hier etwas schnodderig als notorisches Arschloch bezeichnen, ist ein Mensch, der mit uns in Interaktion steht und eine bestimmte negative Wirkung auf uns hat. Vom analytischen oder therapeutischen Standpunkt her ist die Festlegung eines Menschen auf eine bestimmte Schablone natürlich nicht korrekt. Abstempeln bedeutet immer, dem Gegenüber keine Chance zu lassen, auch seine anderen Seiten zu präsentieren.

Wir könnten es uns einfach machen und behaupten, alle Arschlöcher seien Narzissten, also selbstsüchtige Menschen, die ihr eigenes Bild über alles andere stellen. Ganz sicher finden wir bei jedem Menschen mehr oder weniger deutlich narzisstische Anteile, trotzdem lässt sich niemand so plump darauf reduzieren. Wie bei vielen Diagnosen stehen wir vor der Frage: Läuse oder Flöhe? Und in diesem Fall haben wir es tatsächlich mit Läusen *und* Flöhen zu tun.

Übersteigerter Narzissmus ist nur eine tief greifende Persönlichkeitsstörung von vielen. Einige Begriffe sind uns aus den Medien bekannt, beispielsweise die Borderline-Störung. Andere tauchen in unserem Alltagswortschatz auf, beispielsweise das asoziale (oder antisoziale) Verhalten.

Die Persönlichkeit eines Menschen ist – vereinfacht ausgedrückt – die Summe der für einen Menschen charakteristischen Verhaltensmuster, seiner Einstellung zu sich selbst, zu der ihn umgebenden Welt und seine Art, darauf zu reagieren: schüchtern oder aufgeschlossen, zuversichtlich oder missmutig, aktiv oder passiv. Manche Charakterzüge sind angeboren, andere durch bestimmte Erlebnisse geprägt. Eine Persönlichkeit setzt sich aus so vielen Komponenten zusammen, dass es auf der ganzen Welt wohl keine zwei Menschen geben wird, deren Wesen sich zu hundert Prozent gleicht.

Aber was muss schieflaufen, damit man von einer gestörten Persönlichkeit spricht?

Die ins Pathologische gehende Persönlichkeitsstörung wird durch eine international gültige Diagnoseklassifikation – die sogenannten ICD-10 – sinngemäß so definiert: Menschen mit Persönlichkeitsstörungen benehmen sich grundsätzlich anders, als die Gesellschaft, in der sie leben, es von ihnen erwartet. Und zwar nicht nur in einem eingeschränkten Bereich, das »unrühmliche Verhalten« wird auf mehreren Ebenen sichtbar.

»Der Grat zwischen unbescholten bleiben und zum Verbrecher werden ist oft schmaler, vor allem was Affekttaten betrifft, als wir glauben«, sagt Andreas Marneros, Professor für Psychiatrie und Psychotherapie an der Martin-Luther-Universität Halle-Wittenberg.

Wir verlassen nun für einen kurzen Abstecher die uns umgebende Normalität (obwohl wir gar nicht so genau definieren können, wo »normal« anfängt oder aufhört) und wenden uns den richtig schlimmen Fällen von Persönlichkeitsstörung zu, in denen auf die verheerendste Art gegen die geltenden Regeln verstoßen wird: durch Totschlag beziehungsweise Mord. Wir begeben uns in den Bereich der forensischen Psychologie, um deutlich zu machen, auf welche Weise die Entscheidung des Täters beeinflusst wird, ein Verbrechen zu begehen oder es besser sein zu lassen. Dieser Prozess läuft zum Teil unbewusst auf vier verschiedenen Ebenen ab:

1. *Die Beziehungsebene* – das ist der Draht, den ein Mensch zu seiner Umwelt hat, die Art, wie er sich in Paarbeziehungen verhält, die Fähigkeit, sich in eine Gruppe einzugliedern, oder welche Rolle die Familie für ihn spielt.

2. *Die kognitive Ebene* könnte man auch als Gedankenwelt eines Menschen beschreiben, die alles umfasst, was mit der Wahrnehmung zu tun hat, wie das Wiedererkennen, die Vorstellungskraft, individuelle Begriffsdefinitionen oder das ihm eigene Problembewusstsein.

3. *Die affektive Ebene* bezeichnet die Stimmungslage eines Menschen, also alle Befindlichkeiten, die sich nicht auf den Verstand zurückführen lassen.

4. *Die impulsive Ebene* bestimmt, wie gut oder schlecht ein Mensch seine Bedürfnisbefriedigung steuern und kontrollieren kann.

Das klingt sehr kompliziert, darum erläutern wir das anhand eines Beispiels, das Ähnlichkeiten mit einem wahren Fall hat.[15]

2008 wird auf einem Abrissgelände in Norddeutschland die skelettierte, mir Gartenmüll bedeckte Leiche der dreißigjährigen Gelegenheitsprostituierten Andrea H. gefunden. Die Todesursache ist laut Obduktionsergebnis massive Gewalt gegen Kopf und Hals.

Der Leichenfundort liegt auf der Strecke zwischen der Stadtwohnung, die Andrea H. sich für ihre Arbeit gemietet hat, und ihrem privaten Wohnort, einem kleinen Häuschen in einer eher ländlichen Gegend.

Obwohl das Risiko, Opfer einer Straftat zu werden, bei Prostituierten besonders hoch ist, ergibt sich recht schnell ein Verdacht gegen den Lebensgefährten des Opfers: Hans-Jörg B., 37 Jahre alt, von der Ehefrau getrennt lebend, arbeitslos und seit drei Jahren mit Andrea H. zusammen. Er ist nicht nur ihr Geliebter, sondern auch ihr Zuhälter, obwohl er diese Aufgabe lediglich als »Beschützerdienst« erklärt. In der Beziehung gab es von Beginn an Gewalttätigkeiten. Mehrfach wollte Andrea H. sich bereits trennen, ließ sich jedoch immer wieder umstimmen.

Die Spurenlage ist erdrückend, und Hans-Jörg B. gesteht schließlich die Tötung.

Doch was genau ist an diesem verhängnisvollen Tag in ihm vorgegangen?

Die Beziehungsebene

Ein Mensch mit einer Persönlichkeitsstörung hat erhebliche Probleme, sich in der Gesellschaft zu integrieren. Jedoch sind diese nicht immer gleichermaßen offensichtlich, da die Schwierigkeiten sich sowohl hinter einer ablehnenden als auch einer besonders freundlichen Fassade verbergen können. Ob übertrieben liebenswert, eigenbrötlerisch oder aggressiv – die Betroffenen schaffen es grundsätzlich nicht, eine ehrliche, von gegenseitigem Vertrauen und Respekt getragene Beziehung einzugehen. Für sie ist die Zwischenmenschlichkeit stets mit Angst und Unsicherheit behaftet, jeder intensivere Kontakt mit einem anderen Menschen artet zu einer Art Kampf um Macht, Anerkennung und/oder Besitzansprüche aus. Sie neigen dazu, die Umwelt in Gut und Böse aufzuteilen, und betrachten sich selbst als die Einzigen, die in der Lage sind, diese Unterscheidung vorzunehmen.

> Wir denken: »Das sind Kontrollfreaks.« – »Die müssen immer im Vordergrund stehen.« Oder: »Die sind krankhaft eifersüchtig.«

Was passiert bei Hans-Jörg B. auf der Beziehungsebene?
An diesem verhängnisvollen Tag im Jahr 2008 hat Hans-Jörg B., der von seiner Umgebung als eitel, besitzergreifend, kontrollierend, manipulativ und gewalttätig wahrgenommen wird, die Sachen sei-

ner Lebensgefährtin durchsucht und das Passwort ihres Laptops geknackt. Aus einer E-Mail an eine Freundin ging eindeutig hervor, dass Andrea H. heimlich die Trennung vorbereitet und um Unterstützung gebeten hatte.

Ein Schock für Hans-Jörg B: Wie kann diese Frau auf die Idee kommen, sich von ihm zu trennen? Ungeheuerlich! Er hat sie schließlich zu dem gemacht, was sie heute ist, ohne ihn wäre sie längst schon in der Gosse gelandet. Er hat sie bei ihrer Arbeit beraten; seit sie die Klamotten trägt, die er ihr empfohlen hat, stehen die Freier Schlange. Sie kann ohne ihn doch gar nicht leben. Sie bewundert ihn schließlich für seine Kraft und Stärke. Er bestimmt ihr Leben – in allen Bereichen. Und sie ist ihm so ähnlich, manchmal kommt es ihm vor, als wären sie Zwillinge. Und jetzt das! Warum macht sie so einen Scheiß? Einen wie ihn wird sie nie mehr finden.

Die Tragik dabei ist, dass man alles, was für ihn die Beziehung ausmacht, umdrehen könnte: Er könnte ohne sie nicht leben, er bewundert sie, eine wie sie wird er nie mehr finden.

Jeder normale Mensch hätte jetzt mit Trauer und Enttäuschung zu kämpfen, doch diese Gefühle sind mit seinem Selbstbild nicht zu vereinbaren, deshalb lastet Hans-Jörg B. seiner Lebensgefährtin unbewusst all das an, was ihn beschäftigt. In seiner Wahrnehmung ist sie eigentlich ein Teil von ihm. Darum ist es undenkbar, dass sie sich von ihm trennt, das käme einer Amputation gleich. Schon ihr Wunsch nach Trennung ist ein Ding der Unmöglichkeit!

Hans-Jörg B. holt Andrea H. trotz seiner schlimmen Entdeckung in ihrem E-Mail-Postfach wie gewohnt nach der Arbeit von ihrer Stadtwohnung ab. Auf dem Weg liegt das Abrissgelände, hier halten sie häufig an, damit Andrea sich umziehen kann. In ihrem Wohnort soll schließlich keiner mitbekommen, womit sie den Lebensunterhalt für sich und ihren Freund verdient. Oft haben sie dann im Auto auch Sex miteinander.

An diesem Abend ist es anders: Er konfrontiert sie mit dem Inhalt der E-Mail, die er gelesen hat. Insgeheim hegt er die Hoffnung, dass sich alles als Missverständnis erweist und Andrea H. ihm versichert, dass sie weiterhin ein Paar bleiben. Doch sie zeigt sich weder kleinlaut noch schuldbewusst, sondern bestätigt seine Befürchtungen: Ja, ich werde mich von dir trennen! Es ist aus!

In diesem Augenblick zerbricht die Beziehungswelt von Hans-Jörg in tausend Scherben.

Die kognitive Ebene

Ein typisches Merkmal einer gestörten Persönlichkeit ist die selektive Wahrnehmung, die »Störendes« gewissermaßen ignoriert. Die Betroffenen ziehen falsche Schlüsse, interpretieren Situationen völlig anders oder haben ein verschobenes Bild von sich und ihren Mitmenschen. Manche neigen dazu, hinter unangenehmen Tatsachen gleich eine Verschwörung zu wittern, die nur darauf abzielt, es ihnen schwer zu machen. Grund dafür ist, dass diese Menschen dazu neigen, alles auf sich zu beziehen und Dinge, die nicht unbedingt mit ihnen zu tun haben, in einen Zusammenhang bringen.

> Wir denken: »Die kriegen alles in den falschen Hals.« – »Die nehmen die Sache viel zu persönlich.« Oder: »Die wollen uns gar nicht verstehen.«

Was passiert bei Hans-Jörg B. auf der kognitiven Ebene?

Andreas Reaktion auf sein Wissen über die E-Mail erreicht ihn nicht einmal, weil in seinem Kopf ein Szenario abläuft. Seine Einsichtsfähigkeit ist insofern getrübt, als er gar nicht nachvollziehen kann, dass Andrea H. sich als eigenständige Person empfindet und selbst entscheiden will, ob und wie lange sie mit jemandem zusammenleben kann. Für ihn ist sie eine Verräterin, die das Ziel hat, ihn zu zerstören, indem sie ihm seine Lebensgrundlage entzieht. Alles, was sie sagt, ballt sich für ihn zu einem einzigen Angriff auf seine Person zusammen. Und wer angegriffen wird, der muss sich wehren! Soll er etwa zulassen, dass sie ihn vernichtet? Nein, er muss ihr zuvorkommen, also versetzt er ihr einen Faustschlag.

Die affektive Ebene

Gefühle sind nie statisch, sondern entwickeln oft eine Eigendynamik, die kaum vorhersehbar ist, plötzlich auftauchen und genauso schnell wieder abflachen kann. Wie ist die Stimmungslage, welche Motivationen liegen vor, von welchen Emotionen (z.B. Freude, Hass, Wut, Scham) wird der Mensch beeinflusst – eine Tat, die rein gefühlsmäßig gesteuert wurde und am Verstand »vorbeiläuft«, geschieht im Affekt.

Befindet sich ein Mensch in emotionalem Aufruhr, werden Gefühle extrem über- oder unterbewertet und setzen somit die »allgemein üblichen« Reaktionen außer Kraft. Die Betroffenen gehen anders auf das Erlebte ein, sie geben sich entweder auffallend unbeteiligt, hysterisch übersteigert oder äußern Gefühle, die absolut unpassend erscheinen.

> Wir denken: »Die regen sich künstlich auf.« – »Die haben kein Herz.« Oder: »Die ticken nicht ganz sauber.«

Was passiert bei Hans-Jörg B. auf der kognitiven Ebene?
Der Fausthieb hat Andrea H. das Jochbein gebrochen, und während er weiter auf sie einschlägt, kommt es Hans-Jörg B. so vor, als

würde er sich selbst dabei zusehen. Er registriert Andreas Angst und spürt ein Gefühl von Triumph und Überlegenheit. Für einen Moment keimt ein Funke Hoffnung in ihm auf: Wenn sie erst erkennt, wie mächtig er ist, wird sie einen Rückzieher machen und ihm sagen, dass ihr Trennungsvorhaben ein Irrtum gewesen ist. Doch statt Einsicht zu zeigen, dass sie seiner Stärke nicht gewachsen ist, beschimpft sie ihn wüst. Er realisiert: Sie meint das ernst, sie will wirklich Schluss machen! Damit spricht sie das Todesurteil für ihre gemeinsame Beziehung! Und ihr eigenes! Eine unbändige Wut steigt in ihm auf, diese undankbare Schlampe! Der Zorn wird zu Hass – und gipfelt schließlich im unbedingten Tatwillen: Ich muss diese Frau vernichten!

Die impulsive Ebene

Impulsive Zeitgenossen neigen zu extremer Ungeduld und unbedachtem Handeln, bei dem mögliche Konsequenzen außer Acht gelassen werden, zudem sind Frustrationstoleranz und Konzentrationsfähigkeit oftmals sehr dürftig ausgeprägt.

Den Betroffenen geht es um die unmittelbare Erfüllung ihrer Bedürfnisse wenn die Situation gerade günstig ist, greifen sie zu – ohne Rücksicht auf Verluste. Und wenn sie damit einmal erfolgreich gewesen sind, werten sie ihr Vorgehen als legitim und haben bei nächster Gelegenheit noch weniger Skrupel, entsprechend zu handeln. Wenn etwas in ihnen nicht stimmig ist, lassen sie es die Außenwelt ungefiltert spüren, beispielsweise in Form von Wutausbrüchen, sexuellen Übergriffen oder Maßlosigkeit.

> Wir denken: »Das sind tickende Zeitbomben.« – »Die nehmen sich, was sie wollen.« Oder »Die kennen keine Grenzen.«

Was passiert bei Hans-Jörg B. auf der impulsiven Ebene?

Der Hass und die Zerstörungswut gleichen nun einem hochexplosiven Gemisch. Hans-Jörg B. ist jetzt nicht mehr fähig, seine Reaktionen zu steuern, Vernunft und Skrupel scheinen ausgeknipst. Er baut sich vor der inzwischen schwer verletzten Andrea H. auf, sieht sie dort hilflos liegen, ist derart überwältigt von Zorn, Enttäuschung und Verzweiflung, dass er es nicht mehr aushält. Nur die Vernichtung dieser Frau kann ihm jetzt Erleichterung verschaffen. Rücksicht hat sie ohnehin nicht verdient. In dem Moment, als er sie mit bloßen Händen erwürgt, ist sie für ihn nur noch ein blankes Hassobjekt.

Interessant an diesem Fall ist, dass Hans-Jörg B. zu diesem Zeitpunkt schon viele Jahre verheiratet gewesen war. Seiner Ehefrau Barbara B., von der er getrennt lebte, seit er Andrea H. kennengelernt hatte, ist er zwar auch sehr gewalttätig begegnet, jedoch hat sie selbst in gefährlichen Situationen keine Gegenwehr geleistet. Im Gegensatz zum Mordopfer war Barbara B. stets unterwürfig und loyal, nie hat sie geäußert, die Ehe auflösen zu wollen, auch wenn sie allen Grund dazu gehabt hätte. Somit hat sie durch ihre defensive Haltung bei Hans-Jörg B. eine andere Reaktion ausgelöst – er verhielt sich ihr gegenüber nach seinem Auszug nahezu gleichgültig. Damit hier kein Missverständnis entsteht: Nicht die Passivität hat Barbara S. das Leben »gerettet«, sondern die Tatsache, dass Hans-Jörg B. das Interesse an ihr verloren hat.

An diesem Beispiel wird deutlich, dass bei einer pathologischen Struktur die Möglichkeiten begrenzt sind. Hier gilt nur eins: sich mit kompetenter Hilfe von außen in Sicherheit zu bringen.

Erst das Zusammenspiel der verschiedenen Ebenen – das Erleben der Paarbeziehung als unlösbare Einheit, die völlige Ablehnung der Trennung, die Wut über die Uneinsichtigkeit und die daraus resultierende Zerstörungswut – hat eine solch fatale Kettenreaktion ausgelöst, die Hans-Jörg B. dazu brachte, die wichtigste Person in seinem Leben zu töten. Wenn nur ein Faktor anders gewesen wäre, wäre Andrea H. heute vielleicht noch am Leben.

Bei einer pathologischen Persönlichkeitsstörung ist die Abweichung von der sozialen Norm so ausgeprägt, dass die Betroffenen durch ihr Verhalten im Alltag unflexibel, unangepasst oder unzweckmäßig erscheinen. Sie leiden zudem unter ihrer Ausgrenzung, führen dies aufgrund ihres Charakters jedoch ausschließlich auf das Fehlverhalten der anderen oder auf die ungünstigen Umstände zurück.

Eine Persönlichkeitsstörung ist keine vorübergehende Laune, sie ist auch nicht von äußeren Einflüssen abhängig, sondern stabil und von langer Dauer. Meist lässt sich das befremdliche Verhalten schon in der Kindheit oder im frühen Erwachsenenalter erkennen. Es kann nicht durch das Vorliegen oder als Folge einer anderen psychischen Störung des Erwachsenenalters erklärt werden, also beispielsweise nicht die Nachwirkung einer Angststörung oder Depression sein. Umgekehrt kann natürlich der Fall eintreten, dass die Persönlichkeitsstörung zu einer psychischen Erkrankung führt und die Symptome die eigentliche Ursache überlagern. Eine organische Erkrankung, Verletzung oder deutliche Funktionsstörung des Gehirns muss zudem als mögliche Ursache für die Abweichung ausgeschlossen werden.

Ein anderes Diagnoseinstrument, genannt DSM-IV,[16] klassifiziert psychische Störungen und teilt die von der Norm abweichenden Persönlichkeiten in verschiedene Gruppen ein. Uns interessieren hier die Störungsbilder, bei denen die Betroffenen als unangemessen dramatisch, emotional und/oder launisch charakterisiert sind.

Und um es gleich vorweg zu nehmen: Wir behaupten nicht, dass Menschen, die unter diesen Störungen leiden, Arschlöcher sind.

Vielmehr brauchen sie unser Mitgefühl, selbst wenn sie uns das Leben oft schwer machen. Doch umgekehrt zeigen die Arschlöcher, mit denen wir uns in den folgenden Kapiteln beschäftigen werden, mitunter genau diese Persönlichkeitsstrukturen, die durchaus auch krankhaft sein können.

Die Borderline-Persönlichkeitsstörung

Die Betroffenen sind extrem impulsiv, spontan und sprunghaft. Daraus ergibt sich eine grundlegende Instabilität in allen Beziehungen. Für Borderliner existieren immer nur Extreme: Liebe oder Hass, Gut oder Böse, Freund oder Feind. Sogar das Bild, das sie von sich selbst haben, schwankt zwischen »Ich bin der Größte« und »Ich bin ein Nichts«.

Sie können sich am Morgen für etwas oder jemanden begeistern, doch am Abend halten sie diese Sache oder diesen Menschen bereits für das Allerletzte. Bei der Borderline-Persönlichkeitsstörung gibt es kein »Dazwischen«: Zwischen Schwarz und Weiß existiert kein Grau, die Betroffenen bewegen sich immer am äußeren Rand des Wahrnehmbaren – daher auch die Bezeichnung *Borderline*, Grenzlinie.

Diese intensive Art zu leben macht Borderliner oft zu charismatischen Zeitgenossen. Durch ihre Ganz-oder-gar-nicht-Mentalität fordern sie andere heraus, es mit ihnen aufzunehmen. Ihre persönlichen Beziehungen sind meist geprägt von heftigen Zerwürfnissen und umwerfenden Versöhnungen.

Eine Borderline-Persönlichkeitsstörung ist durch Sprunghaftigkeit in zwischenmenschlichen Beziehungen, einem gestörten Verhältnis zu sich selbst, Stimmungsschwankungen, Impulsivität und Unberechenbarkeit gekennzeichnet. Ziel der vielfältigen Behandlungsmethoden dieser Störung ist es, die Unausgeglichenheit der

Betroffenen mittels verschiedener Verhaltensstrategien zu stabilisieren.

In Deutschland leiden circa 2 Prozent der Bevölkerung, also 1,6 Millionen Menschen, am Borderline-Syndrom, davon sind 75 Prozent Frauen.

Die histrionische Persönlichkeitsstörung

»Die ganze Welt dreht sich nur um mich!« Diese Überzeugung prägt das Verhalten der Histrioniker. Sie bewegen sich wie auf einer Bühne, wollen die Aufmerksamkeit oder auch das Mitleid aller auf sich gelenkt wissen, stellen ihre Gefühle übertrieben dar und wirken dabei aufdringlich bis theatralisch. Oft werden kleine Begebenheiten unnötig dramatisiert und eigentlich oberflächliche Beziehungen zu tiefen Freundschaften erklärt.

Dabei geht es den Betroffenen immer darum, von den anderen beachtet, geliebt und geschätzt zu werden. Dies unterstreichen Histrioniker zudem meist durch den Einsatz ihrer körperlichen Reize. Sie tragen dabei jedoch immer zu dick auf, schminken sich zu grell, rücken den anderen auf den Pelz und verursachen dadurch genau das Gegenteil von dem, was sie sich von ihrem Auftritt versprechen: Sie werden als allzu oberflächlich abgelehnt.

Dieses Störungsbild zeichnet sich durch übertriebene Emotionalität, Egozentrik, Extravertiertheit, Selbstdramatisierung und ein übermäßiges Bedürfnis nach Aufmerksamkeit aus.

Circa 2 bis 3 Prozent der Bevölkerung leiden an dieser Störung, ungefähr gleich viele Männer wie Frauen

Die narzisstische Persönlichkeitsstörung

Der Narzisst glaubt nicht, dass sich die Welt um ihn dreht, vielmehr ist er der Überzeugung, die ganze Welt zu sein. Alles, was es um ihn herum gibt, dient einzig und allein seinem Ego. Die Menschen, denen er begegnet, sollen ihn bewundern, seine Meinung übernehmen und sein Verlangen stillen. Zu etwas anderem sind sie nicht zu gebrauchen. Die von einer narzisstischen Persönlichkeitsstörung Betroffenen sind jedoch keine emotionalen Legastheniker, im Gegenteil, sie spüren genau, wo ihr Gegenüber seine wunde Stelle hat. Diese treffen sie dann zielsicher, sie verletzen den anderen, schwächen ihn, um ihm dann den eigenen Willen aufzuzwingen. »Expanded self«[17] – sich auf andere ausweitendes Selbst – wird diese vereinnahmende innere Haltung der Umwelt gegenüber genannt. Davon versprechen sich die Narzissten Machtgewinn und erhöhen das absolutistische Selbstbild. Wer sich diesem ehrgeizigen Ziel entgegenstellt, wird zum Feind erklärt, der vernichtet werden muss.

Narzissten haben ein übertriebenes Gefühl von Wichtigkeit, hoffen eine Sonderstellung einzunehmen und zu verdienen, schenken anderen Menschen wenig Aufmerksamkeit, sind eitel, manipulativ und kritikunfähig. Sie versuchen, ihre innere Leere durch ihr übersteigertes Selbstbild zu kompensieren. In der Gesamtbevölkerung hat die narzisstische Persönlichkeitsstörung eine Häufigkeit von weniger als 1 Prozent, davon sind circa 75 Prozent Männer.

Die antisoziale Persönlichkeitsstörung

Für die von dieser Persönlichkeitsstörung Betroffenen ergibt das über viele Jahrtausende entstandene menschliche Miteinander keinen Sinn. Regeln? Gesetze? Daran halten sich doch nur Verlierer. Es ist ihnen egal, was andere von ihnen denken; ob sie ihren Mitmenschen Schaden zufügen, interessiert sie genauso wenig wie die Frage, ob sich eine Person im positiven Sinne für sie interessiert. Wenn sie etwas brauchen, nehmen sie es sich, egal mit welchen Mitteln. Unerheblich, ob sie dafür andere ausbeuten, belügen oder bestehlen müssen. Für das Erreichen ihrer Ziele ist ihnen kein Risiko zu hoch – auch wenn sie dabei Gewalt anwenden müssen. Gesellschaftliche Normen sind ihnen nichts wert, Reue ein Fremdwort, Mitgefühl und sogar Liebe die überflüssigste Erfindung der Welt. Natürlich ist dieses Verhalten nur selten von Erfolg gekrönt, beinhaltet es doch zu viele selbstzerstörerische Elemente. Und so landen viele Betroffene irgendwann im sozialen Abseits, im gesundheitlichen Desaster oder schlimmstenfalls sogar hinter Schloss und Riegel.

Menschen mit einer antisozialen Persönlichkeitsstörung sind verantwortungslos, risikofreudig, gefühlskalt, leicht reizbar, impulsiv, kennen kein Schuldbewusstsein oder Verantwortungsgefühl für ihre Taten. Sie können sich nicht in andere Menschen hineinversetzen. Fehlende positive Erfahrungen mit nahen Bezugspersonen haben ihre Empathie verkümmern lassen. Diese Persönlichkeitsstörung tritt bei 3 Prozent der Bevölkerung auf, davon sind 75 Prozent Männer.

Ein Unglück kommt selten allein, heißt es so schön, und auch im Bereich der Persönlichkeitsstörungen tritt kaum eine Diagnose isoliert auf. Fachlich versiert würde man sagen: Es zeichnet sich eine deutliche Tendenz zur Komorbidität, zu mehrfachen, miteinander in Beziehung stehenden Störungen ab.

> »Wir stellen immer häufiger fest, dass praktisch kein Betroffener nur eine einzige Störung aufweist, sondern dass es zwischen Soziopathen, Narzissten und Borderlinern eine Vielzahl von Überschneidungen in den signifikanten Verhaltensmustern gibt.« (Dr. Birger Dulz, Asklepíos-Klinik Hamburg, Fachabteilung für Persönlichkeitsstörungen)[18]

Daher hat sich seit einiger Zeit der übergeordnete Begriff der antisozialen Persönlichkeitsstörung (APS) durchgesetzt. Diese drei Buchstaben können wir wie eine Überschrift zu unserem Thema betrachten, darauf werden wir uns immer wieder beziehen, wenn wir später im zweiten Teil des Buches auf die speziellen Typen zu sprechen kommen. Richtige Arschlöcher, die diesem Namen alle Ehre machen, haben häufig eine Tendenz zu einer antisozialen Persönlichkeitsstörung, die sich in erster Linie aus drei verschiedenen Auffälligkeiten zusammensetzt: Borderline (sprunghaft, impulsiv, unberechenbar), Narzissmus (manipulativ, eitel, kritikunfähig) und Soziopathie (verantwortungslos, risikofreudig, gefühlskalt).

Man begegnet sowohl Fieslingen, die immer Menschen um sich scharen, als auch Menschen mit einem Hang zum Eigenbrötlerdasein. Die einen erweisen sich als wahre Stinkstiefel, die anderen können durchaus charmant sein. Einige sind durchweg mies, andere weniger verlässlich, sie küssen heute und schlagen morgen ohne Vorwarnung zu. Das Interessanteste dabei ist: All diese Eigenarten lassen sich noch weiter miteinander kombinieren, sind stärker oder schwächer ausgeprägt, potenzieren sich oder setzen sich gegenseitig außer Kraft.

In den Nuancen sind Arschlöcher also verschieden, doch eines haben sie alle gemeinsam: Ihnen fehlt ein gesundes, stabiles Gespür für sich selbst. Sie haben kein Urvertrauen ausbilden können, dass sie angenommen und akzeptiert werden, wie sie nun mal sind. Sie wissen beim besten Willen nicht, was sie als Mensch eigentlich auszeichnet. Um dies auszugleichen, greifen sie zu unterschiedlichen und oft extremen Mitteln, erhöhen sich und ihre Bedürfnisse so sehr, dass sie sich von der Gesellschaft abheben.

Deshalb kann man von einem APS-Betroffenen auch keine tief greifende Änderung erwarten, denn dies würde ja eine Auseinandersetzung mit dem Ich voraussetzen. Womit aber soll sich ein Mensch auseinandersetzen, der nach innen blickt – aber nichts wirklich sieht, weil er leider nur über ein verzerrtes Selbstbild verfügt? Arschlöcher sind auf dem Auge, das zur realistischen Selbstbetrachtung gebraucht wird, schlichtweg blind.

Woran liegt das? Die Ursachen können vielfältig sein. Vielleicht wurde ihnen in der Kindheit keine oder aber übertrieben viel Aufmerksamkeit entgegengebracht, sodass sie nicht die Möglichkeit hatten, auf dem Weg zum Erwachsenwerden echtes Selbstbewusstsein zu entwickeln. Traumatische Erfahrungen von Vernachlässigung, Willkür, Gewalt oder auch zu hohen Erwartungen, die die Eltern in das Kind setzen, können dazu führen, dass es sich in seiner ureigenen Persönlichkeit wenig respektiert fühlt und diese abzulehnen beginnt. Das Kind lernt früh, dass die Eltern sich beispielsweise Erträge in Form von besonderen Leistungen wünschen, dass es um seiner Funktion, aber nicht um seiner selbst willen geliebt wird. Vielleicht wird das Kind an dieser Stelle zum ersten Mal zum »expanded self« eines anderen, es erfährt praktisch, dass es lediglich Erfüllungsgehilfe der elterlichen Wünsche und Ziele ist. In der weiteren Entwicklung reproduziert es das gelernte Muster, um Anerkennung zu bekommen. Die innere Leere, die sich an dieser Stelle breitmacht, muss dann durch andere gefüllt werden.

Nehmen wir als Beispiel den Lebenslauf von Holger K.:

Holger ist der jüngste Sohn einer wohlhabenden Familie. Sein Vater hat in den Wirtschaftswunderjahren aus eigener Kraft einen Fachhandel für Elektroartikel aufgebaut. Inzwischen gibt es mehrere Filialen, die sechsköpfige Familie lebt in einer großzügigen Villa, vier Autos stehen in der Garage, Holger und seine drei älteren Geschwister tragen immer die teuersten Klamotten, haben die modernsten Musikanlagen und bekommen ein üppiges Taschengeld. Als Gegenleistung dürfen sie den Eltern keinen Stress machen, diese Regel steht unausgesprochen im Raum. Und sollte sich doch mal jemand nicht daran halten, wird es unangenehm. Die älteste Tochter wird nach ein paar Alkoholexzessen bis zum Abitur in ein Internat gesteckt, der zweitjüngste Sohn macht, nachdem er beim Spielen das Gartentor des Nachbarn beschädigt hat, Bekanntschaft mit dem Gürtel des Vaters.

Als Holger noch ganz klein ist, verbringt er die meiste Zeit im Laufstall. Seine Mutter erinnert sich gern daran, wie praktisch ihr Jüngster gewesen sei: Nach dem Frühstück wird das Nesthäkchen mit seinem Lieblingsspielzeug dort abgesetzt, um halb zehn kommt die Mutter kurz aus dem Laden, füttert Klein-Holger mit einem Apfelschnitz und einem halben Brötchen, um zwölf darf er dann raus und ihr beim Kochen zuschauen. Geweint hat er nie!

Später, als er zu groß für den Laufstall wird, bekommt Holger einen gut erzogenen und bereits stubenreinen Hund, mit dem er spielen kann. Die Eltern suchen die passenden Spielkameraden für ihren Sohn ohnehin gern selbst aus: Es sollte kein Ausländer sein, kein Kind aus schwierigen Verhältnissen und auch kein lautes, unerzogenes Gör, das womöglich Dreck auf den teuren Teppichen verteilt. Da ist die Auswahl schon ziemlich eingeschränkt. In der Schule ist Holger zwar als Angeber verschrien, dennoch hat er einige Verabredungen, weil es bei ihm zu Hause im Keller ein Schwimmbad gibt, wo man tolle Partys feiern kann.

Als Holger mit Mühe und Not sein Abitur schafft, hat er einen Berufswunsch: Er will nach dem Zivildienst Tiermedizin studieren. Doch seine Eltern haben andere Pläne: Erst einmal Bundeswehr, dann eine Lehre im kaufmännischen Bereich, anschließend das BWL-Studium, später steht eine Filiale im Nachbarort bereit, von ihm geschäftsführend übernommen zu werden – die passende Wohnung für Holger und seine noch zu gründende Familie inklusive.

Im Studium lernt Holger Felicitas kennen, eine lebensfrohe, kreative und selbstbewusste Musikstudentin. Seine Eltern lehnen die Beziehung ab, halten die junge Frau für eine Schmarotzerin, die es nur auf einen Ehemann aus wohlhabendem Haus abgesehen habe, der ihr Dasein als Lebenskünstlerin finanziert. Zudem passt es ihnen nicht, dass Felicitas ihrem Sohn Flausen in den Kopf setzt, er solle das ungeliebte Studium abbrechen und eine Umschulung zum Tierpfleger machen. Tierpfleger! Die verdienen nichts, haben schlechte Arbeitszeiten und stinken!

Die junge Liebe steckt in der Krise; als das Paar zusammenziehen will, streichen Holgers Eltern den monatlichen Überweisungsauftrag. Mit der plötzlichen Ebbe im Portemonnaie kommt Holger überhaupt nicht zurecht, er hat Existenzängste, die er mit wilden Partys und einer Menge Alkohol zu verdrängen versucht. Folgerichtig rauscht er durch das Examen, verliert seinen Führerschein – und seine Freundin. Felicitas hatte ihn aufgefordert, diesen Tiefpunkt als Wende zu sehen und sich endlich von seinem Elternhaus zu emanzipieren. Doch das schafft Holger nicht, zu groß ist die Angst, alle Sicherheiten aufzugeben. Dann lieber diese Frau verlieren, die alles erst so schlimm hat werden lassen.

Holger ist Ende zwanzig, als er sein Studium ohne Abschluss aufgibt, eine Sandkastenfreundin heiratet, die Filiale des Familienbetriebs übernimmt – und dort von seinen sieben Angestellten seit nun-

mehr zwanzig Jahren hinter vorgehaltener Hand immer nur »der Vulkan« genannt wird.

Weil es bei ihm jederzeit und ohne Vorwarnung zu einem der gefürchteten Ausbrüche kommen kann. Dann schreit er den ganzen Laden zusammen, droht allen mit fristloser Kündigung, streicht Jahresurlaub und Weihnachtsgeld und fegt auch schon mal die Regalfächer leer. Die Mitarbeiterfluktuation ist hoch, niemand hält es lange unter seiner Fuchtel aus. Das macht Holger wütend: Die Leute haben heute einfach alle keinen Bock mehr zu arbeiten. Das könnte alles viel schneller gehen, billiger, besser! Es wird Zeit, dass denen jemand zeigt, wo der Hammer hängt.

Irgendwann kommt der Punkt, an dem die eigentlich bemitleidenswerten Menschen zu Arschlöchern werden, weil sie »das eigene Selbst innerhalb schematischer Beziehungsrepräsentanzen schützen«.[19] Mit anderen Worten: Die Partner, Freunde, Kollegen, Familienmitglieder, Vereinskameraden und Nachbarn sollen ihnen die nötige Wertschätzung entgegenbringen, und zwar so, dass es dem eigenen Idealbild entspricht. Wenn sie das nicht im gewünschten Stil machen, werden die Mitmenschen notfalls manipuliert, kontrolliert, schikaniert und drangsaliert. Hauptsache, sie sind schließlich bereit, ihr Gegenüber als groß, mächtig, begabt und liebenswert zu begreifen.

Am Beispiel Holgers festgemacht: Zeitlebens wurden seine Bedürfnisse und Wünsche außer Acht gelassen oder ersatzweise durch materielle Güter befriedigt – natürlich hat darunter sein Selbstbild gelitten. Da er gelernt hat, nur dann wertgeschätzt zu werden, wenn er die Erwartungen anderer erfüllt, verzichtet er darauf, seinen eigenen Lebensplan zu verwirklichen. Leider bleibt die unbewusst erwartete Gegenleistung aus, es gibt weder Lob noch Dankbarkeit für den Verzicht, und auch nach vielen Jahren erweist sich die getroffene Entscheidung gegen die eigenen Wünsche als Faktor, der für ständige Unzufriedenheit sorgt. Auf den Punkt gebracht: Holger hat alles gegeben und nichts erreicht. Diese Diskrepanz ist für ihn nicht zu ertragen. Also geht er dazu über, sich sein Selbstbewusstsein an anderer Stelle aufzupolieren. Wer in der Lage ist, über andere bestimmen zu dürfen, der hat es doch schließlich auch zu etwas gebracht, oder? Wenn alle anderen kuschen und sein Wort fürchten, sind die Rollen klar besetzt. Also soll dieses Machtverhältnis möglichst deutlich sichtbar werden: Ich bin hier der Größte, der Wichtigste, der bestimmt, was zu tun ist.

Bitte schlagen Sie nun nicht das Buch zu, weil Sie denken: Die wollen jetzt mit der schlimmen Kindheit um die Ecke kommen. Mein Chef, der mir tagtäglich das Leben zur Hölle macht, ist demnach nur ein armer Hanswurst, und ich muss da einfach ganz viel Verständnis aufbringen, wenn ich nicht selbst als herzloses Miststück enden will …

Verständnis aufbringen, ja, das wäre nicht schlecht, denn wenn Sie verstehen, warum jemand so ist, wie er ist, erleichtert das den Umgang enorm. Doch Sie brauchen deswegen keinesfalls den Schongang anzuschalten. Unser Ziel ist es zu verdeutlichen, wie Sie mit solchen Störenfrieden umgehen. Wie Sie langfristig lernen, sich gegen solche Übergriffe zu schützen, ohne es mit gleicher Münze heimzuzahlen.

Ob Ihr besserwisserischer Nachbar von seiner Mutter nicht genug Liebe bekommen hat, ist wirklich nicht Ihr Problem. Doch Ihr Nachbar denkt da womöglich anders. Durch sein Verhalten will er nichts weiter als Aufmerksamkeit. Sie sollen ihn für eine wichtige, kompetente und ernst zu nehmende Persönlichkeit halten – weil er selbst nicht dazu in der Lage ist. Dies wird er aber auch dann nicht sein, wenn Sie von heute an aus lauter Mitleid den Rasen auf Golfplatzniveau halten.

Das ist der Ansatz, dem wir in diesem Buch nachgehen werden. Wir wollen kein Mitleid für Leute, die andere benutzen, um ihr Selbstbild aufzuwerten. Wir werden uns aber auch hüten, einem Menschen den ultimativen Stempel aufzudrücken. Natürlich gibt es so etwas wie »Prototypen«, es gibt klassische Verhaltensmuster und eindeutige Charakterzüge, doch kein Arschloch wird sich als lupenreine Schablone eignen, vielmehr ist jeder Einzelne eine ganz spezielle Mischung und hat einen ganz individuellen Grund dafür.

Wir wollen keine Wege aufzeigen, auf denen Sie diese ungeliebten Kollegen, Familienmitglieder und Bekannten möglichst schadlos umgehen – sondern vielmehr neue Wege finden, mit ihnen umzugehen. Und dazu gehört unbedingt, dass man schaut, aus welcher Richtung unser Gegenüber gerade gekommen ist.

Bemerkenswert im Zusammenhang mit den oben genannten Persönlichkeitsstörungen ist übrigens, dass die Betroffenen unter ihren Symptomen keinen übermäßigen Leidensdruck zu verspüren scheinen. Sie kommen gar nicht erst auf die Idee, behandlungsbedürftig oder bemitleidenswert zu sein. Es ist wie bei dem alten Witz von dem Mann, der im Radio hört, dass auf seiner Autobahnstrecke ein Geisterfahrer in falscher Richtung unterwegs ist, worauf er den Kopf schüttelt und sagt: »Einer? Es sind Hunderte!«

Eine Person, die es sich durch ihre unausstehliche Art mit ihrem gesamten Bekanntenkreis verscherzt hat, wird ebenso sicher sein: »Meine Güte, die ganze Welt besteht ja nur noch aus Arschlöchern!«

Der Umstand, dass Borderliner, Narzissten und Soziopathen sich und ihr Verhalten als völlig einwandfrei betrachten, erschwert den Umgang mit ihnen enorm, läuft es doch auf die Erkenntnis hinaus: Ein Arschloch wird sich höchstwahrscheinlich nie ändern. Weil das grundlegende Problem eben ein verschobenes Selbstbild ist. Ich bin absolut in Ordnung – und die anderen haben alle irgendwie einen Knall.

Und damit sind wir nach dem kleinen Ausflug in die klinische Psychologie wieder bei den Arschlöchern des Alltags angekommen. Was bedeuten diese Erkenntnisse über Persönlichkeitsstörungen denn nun konkret? Sollten Sie von diesem Buch erwartet haben, dass wir Ihnen ein paar praktische Handgriffe beibringen, mit denen Sie einen Saulus zum Paulus wandeln können, dann müssen wir Sie leider enttäuschen. So etwas funktioniert einfach nicht.

Wer es mit einem Arschloch zu tun hat, könnte bei sich selbst anfangen und sich fragen, warum dieser Mensch ihn so zum Kochen bringt. Die einzige Methode, mit einem Arschloch fertigzuwerden, liegt in einem selbst. Man sollte wissen, mit wem man es genau zu tun hat, und sich dann entsprechend dagegen wappnen. Eine Voraussetzung dafür ist, die Gefühle genauer unter die Lupe zu nehmen, die das inakzeptable Verhalten anderer bei uns auslöst. Dies werden wir im zweiten Teil des Buches anhand einiger Fallbeispiele vertiefen.

Wir wollen versuchen, Ihnen Hilfestellung zu leisten, damit Sie schnell und möglichst präzise einschätzen können, mit welcher »Mischung« Sie es in Ihrem konkreten Fall zu tun haben, warum dieser Mensch Ihnen seine unerträgliche Art zumutet und – was noch viel wichtiger ist – wie Sie lernen, damit in Zukunft souverän umzugehen.

TEIL 2

Welche Arschloch-Typen gibt es – und wie geht man mit ihnen um?

Wenn uns jemand in den letzten Monaten gefragt hätte, was wir sammeln, wäre unsere Antwort reichlich exotisch ausgefallen: Wir sammeln Arschlöcher.

Genauer gesagt: Wir waren auf der Suche nach Geschichten von Menschen, die mit einem Arschloch zu tun hatten und bereit waren, darüber zu reden. Auf diese Weise sind wir einigen Exemplaren begegnet, die uns sonst nicht eingefallen wären. Inzwischen wissen wir ja, woran es liegt: Gegen manche Unterarten sind wir sozusagen immun, weil wir unsere inneren Sender nicht auf Empfang geschaltet haben. Doch bei anderen schlägt alles Alarm.

Erstaunlicherweise weiß jeder Mensch mindestens eine akute Leidensgeschichte zu erzählen. Selbst die erfolgreichsten, selbstbewusstesten und fröhlichsten Menschen sind nicht dagegen gefeit, sich von einem Arschloch den Tag verderben zu lassen. »Ach ja, da fällt mir sofort was ein, da habe ich mich furchtbar aufgeregt. Also, letzte Woche erst ...«

Wir waren ganz Ohr. Wir haben die Geschichten notiert, sie etwas verfremdet und schließlich analysiert: Was ist da passiert? Was steckt dahinter? Warum macht das so stinksauer? Wie kann man sich dagegen wehren?

Letztendlich haben sich zwölf verschiedene Typen herauskristallisiert, die wir Ihnen in diesem Teil des Buches ausführlich vorstellen wollen. Manche scheinen auf den ersten Blick ganz ähnlich zu sein, doch bei näherem Hinschauen werden Sie erkennen, dass sie sich alle in ihrer Motivation oder Ausprägung unterscheiden.

Das beste Beispiel dafür sind die Abgreifer und die Schnorrer – beide machen im Grunde dasselbe, sie schielen nach Dingen, die ihnen nicht zustehen, und wollen diese zu ihrem Eigentum machen. Doch während die Abgreifer aus dem Verborgenen zuschlagen und sich einfach nehmen, was sie wollen, nähern sich die Schnorrer von der anderen Seite, bezirzen und überreden uns, damit wir scheinbar freiwillig das herausrücken, was sie begehren. Und obwohl sie uns am Ende beide um etwas, das uns gehörte, erleichtert haben, sind wir auf unterschiedliche Art und Weise sauer darüber.

Mal macht es Sinn, das Problem anzusprechen, mal ist es vergebene Liebesmüh, und es ist besser, dass wir uns aus dem Staub machen, wenn sich ein solches Exemplar nähert. Mal können wir auf die Regeln der gewaltfreien Kommunikation zurückgreifen, mal schlagen wir sie mit den eigenen Waffen – im übertragenen Sinn natürlich.

Wir können diese unangenehmen Zeitgenossen nicht meiden, sondern wir sollten lernen, mit ihnen umzugehen. Weil wir nur dann die Chance wahrnehmen, aus dem ganzen Dilemma Nutzen zu ziehen – und uns selbst zu stärken.

Die Abgreifer

Raubt der König ja selbst so gut als einer, wir wissens;
Was er selber nicht nimmt, das lässt er Bären und Wölfe
Holen und glaubt, es geschähe mit Recht.
Da findet sich keiner,
Der sich getraut, ihm die Wahrheit zu sagen –
So weit hinein ist es
Böse – kein Beichtiger, kein Kaplan; sie schweigen!
Warum das?

Johann Wolfgang von Goethe, *Reineke Fuchs*, Achter Gesang, 1793

Redlefsen ist ein stiller Vertreter. Einer von denen, die beim Wochenmeeting nur selten etwas von sich geben. Aufmerksam sitzt er zwischen den Institutskollegen und macht sich Notizen.

Angela Wuppermann berichtet von ihrer Studie. Mehr als siebenhundert Probanden, langwierige Teststrecken, aufwendige Auswertungen. Das Team hat hart gearbeitet, und nun ist man stolz, nach achtzehn Monaten ein Ergebnis präsentieren zu können, mit dem im Institut effektiv gearbeitet werden kann.

Alle klatschen. Nur Redlefsen nicht. Der macht sich Notizen.

Danach ist Holger Schenk an der Reihe. Er hatte weniger Glück in den letzten Tagen. Sein Antrag auf Fördergelder wurde abgelehnt – wegen eines dämlichen Formfehlers. Aber jetzt sei er schlauer und wolle alle davon profitieren lassen, darum habe er seine Erfahrungen aufgeschrieben und als Memo für alle ausgedruckt. Man solle ihm die Daumen drücken, dass er im nächsten Monat berücksichtigt werde. Seine Abteilung kann die Fördergelder dringend gebrauchen.

Redlefsen ist der Erste, der sich das Merkblatt einsteckt.

So geht es weiter. Das Wochenmeeting ist ein fester Bestandteil im Kollegium. Alle wissen den Austausch zu schätzen, nehmen rege daran teil, unterstützen sich gegenseitig. Alle – bis auf Redlefsen.

Aber heute meldet er sich gegen Ende der Veranstaltung doch. Er wendet sich an Petra Gibbert, die eben einen kurzen Vortrag über neue Erkenntnisse im Technologiebereich gehalten hat. Redlefsen verschränkt die Arme und lehnt sich zurück. »Mit Verlaub, liebe Kollegin, ich vermisse bei Ihrem Referat die Quellenangaben.« Er lächelt dabei. Niemand wird ihm vorwerfen können, er sei unhöflich gewesen.

Die Angesprochene ist auch nicht misstrauisch. Warum auch? Unter Kollegen darf ein solches Nachhaken erlaubt sein. »Tatsächlich war es sehr kompliziert, an die Quellen überhaupt heranzukommen. Wir selbst haben akribisch danach gesucht und mussten zudem tief in die Tasche greifen, um damit arbeiten zu dürfen. Aber wenn Sie interessiert sind, gebe ich Ihnen die Daten gern mit, Herr Redlefsen. Kopieren darf ich nicht, aber Sie können sich das Originalformular gern ein paar Tage ausleihen.«

Er ist interessiert – und seine Tasche ist inzwischen prall gefüllt. So ein Meeting lohnt sich.

Drei Monate später …

Der Institutsleiter kommt nur dann höchstpersönlich vorbei, wenn er etwas extrem Wichtiges zu verkünden hat. So wie heute.

Gespannt sitzen die Mitarbeiter im Kreis, sie sind vollzählig erschienen, selbstredend.

Der Chef freut sich mitteilen zu dürfen, einen neuen Abteilungsleiter aus dem Kollegenkreis ernannt zu haben. Einen solchen Ritterschlag könne sich nur verdienen, wer extrem fleißig und gründlich ist, geschickt bei der Beantragung von Fördergeldern vorgehe und zudem auch die Suche nach adäquaten Quellen nicht scheue.

Endlich, denken die Kollegen. Wurde auch mal Zeit, dass der Chef erkennt, wie produktiv unser Team arbeitet. Alle strahlen um die Wette und sind gespannt.

Angela Wuppermann denkt an ihre Studie und hofft insgeheim, dass die Plackerei sich gelohnt haben möge. Verdient hätte sie es schon. Im selben Augenblick ist auch Holger Schenk zuversichtlich: Dank seiner Anleitung für Förderanträge ist es einigen Kollegen gelungen, wichtige Zuschüsse zu ergattern. Die Letzte im Bund der Hoffenden ist Petra Gibbert, immerhin ist ihr Vortrag im Firmenmagazin veröffentlicht worden, und alle hatten sie für den großen Rechercheaufwand bewundert. Ist sie die Glückliche?

»Es gibt einen hier im Raum, der eben genau dieses kleine bisschen mehr gegeben hat.« Der Chef steht auf, räuspert sich, schaut in die Runde. »Ein Mitarbeiter hat mir ein Paket aus Informationen zusammengetragen, wie es seinesgleichen sucht. Forschungsergebnisse, Abhandlungen, Ratschläge – alles dabei. Deshalb ist mir die Entscheidung nicht besonders schwergefallen. Beglückwünschen wir alle den Kollegen ...«

Der stille Redlefsen lächelt vor sich hin. Der Chef hat ihn längst eingeweiht.

Gelegenheit macht Diebe

Jeder hat sich sicher schon mal die Frage gestellt: Was war zuerst da, das Arschloch oder der Chefsessel, auf dem es sitzt?

Dient eine gewisse Rücksichtslosigkeit der steilen Karriere – oder wird man erst so mies, wenn man oben angekommen ist? Warum haben Menschen, die sich skrupellos auf Kosten anderer bereichern, so oft Erfolg? Muss ich tatsächlich mit angewinkelten

Ellenbogen auf die Welt kommen, um es im Leben zu etwas zu bringen? Und reicht es, wenn ich fair bleibe und im Team arbeite, für mich bloß für die zweite Reihe? Nicht zwingend, denn das würde ja im Umkehrschluss bedeuten, auf jedem Chefsessel säße ein Arschloch, was natürlich nicht der Fall ist.

Abgreifer

- auch bekannt als Raffzahn, Ausbeuter, Profiteur, Nutznießer, Abstauber.
- wirken auf den ersten Blick oft zurückhaltend, besonnen, überlegen, harmlos.

So leid es uns tut: Abgreifer – also Menschen wie Redlefsen, die erst hinterlistig von anderen profitieren und sich dann im entscheidenden Augenblick in den Vordergrund drängen – haben ein ziemlich wirksames Konzept. Aber auch einen ziemlich miesen Charakter.

Letzteres streiten sie wahrscheinlich noch nicht einmal ab, im Gegensatz zu den meisten Zeitgenossen halten sie ihren Egoismus für eine ausgesprochene Stärke. Schließlich hat jeder die Möglichkeit, so zu handeln, nur fehlt ihrer Ansicht nach den meisten der Mumm dazu. Aber das ist doch nun weiß Gott nicht das Problem des Abgreifers. Es ist ihm auch herzlich egal, ob er sich unbeliebt macht. Letzten Endes kann man sich doch sowieso nur auf sich selbst verlassen.

Dieses Prinzip ist so alt wie die Menschheit. Bestimmt gab es schon in der Steinzeit solche verschlagenen Typen, die sich um die gefährliche Mammutjagd drückten, stattdessen ein Nickerchen im hohen Gras hielten und dann am Abend am Lagerfeuer darauf bestanden, als Erste ihr Messer in das geröstete Fleisch stoßen zu dürfen – schließlich hätten sie dem Mammut den finalen Todesstoß verpasst.

Dass man für sich selbst gern den kürzesten und bequemsten Weg zum Ziel sucht, ist ja nicht verwerflich. Jeder Mensch pflegt seine eigene Ökonomie, die darin besteht, mit dem geringstmöglichen Aufwand den maximalen Gewinn zu erzielen. Idealerweise hat man ein besonderes Talent, das einem innerhalb der Gemeinschaft einen festen Status sichert. Unter den Mammutjägern gab es die schnellen, die das Tier ausspähten und in die Enge trieben, dann die geschickten, die am gewandtesten mit den Waffen hantierten, und die starken, die die erlegte Beute nach Hause schleppten. So leistet jeder seinen Beitrag zum Ganzen, und alle profitieren davon. Dummerweise aber eben auch der Abgreifer, der meint, seine besondere Begabung bestehe darin, die anderen für sich arbeiten zu lassen.

Wir haben schon früh mit diesen unangenehmen Zeitgenossen zu tun. Sicher erinnern Sie sich noch an die Sorte Mitschüler, die im Unterricht die Auseinandersetzung mit dem Lehrer scheuten und lieber die anderen falsche Antworten geben ließen – um endlich, kurz bevor die Stunde zu Ende war, mit erhabenem Blick den Finger zu heben und alle richtigen und belobigten Antworten in einem finalen Satz zusammenzufassen. Wofür sie im Klassenbuch ein Sternchen als Auszeichnung für die mündliche Mitarbeit erhielten. Alle anderen guckten dumm aus der Wäsche und ärgerten sich maßlos über dieses dreiste Vorgehen – aber noch mehr über sich selbst, weil sie nie auf den Gedanken gekommen wären, sich in gleicher Weise hervorzutun.

Einsame Spitze

Die Weltanschauung eines Abgreifers gleicht einer Pyramide. Ganz oben auf der Spitze thront er und überblickt die Situation. Und alle anderen sind sein Fundament. Kollegen, Familienmitglieder und andere Mitmenschen nimmt er nicht als Individuen wahr, sondern als Bestandteil seiner eigenen Existenz. Selbstverständlich sind sie alle nur dazu geschaffen worden, ihm zuzuarbeiten.

Auch wenn sie in großen Firmen arbeiten, verheiratet sind, Kinder haben, Politik machen, Vereine leiten – eigentlich sind Abgreifer beziehungslose Menschen. Denn sie sind nie wirklich beteiligt, sondern beobachten eher aus sicherer Distanz, was in der Welt passiert. Und am wohlsten fühlen sie sich, wenn sie dies aus der Vogelperspektive praktizieren können. Sollen die da unten ihre Arbeit machen, lieben und leiden, Fehler begehen und Erfahrungen sammeln. Ich schau mir das in Ruhe an und stürze im richtigen Moment wie ein Greifvogel hinab, um mir die fette Beute zu sichern. Okay, dann bin ich zwar die meiste Zeit allein unterwegs, aber so kann mir wenigstens nichts widerfahren.

Menschen wie Redlefsen geben vor, über den Dingen zu stehen – doch in Wirklichkeit verharren sie einfach nur in sicherer Entfernung, denn sie scheuen jegliches Risiko. Sie haben Angst, Fehler zu machen, bloßgestellt zu werden, in eine Falle zu tappen. Oder jemandem zu begegnen, der genauso skrupellos ist wie sie selbst.

Genau hier liegt das Dilemma: Wer sich ein derart egozentrisches Weltbild geschaffen hat, der wird es nicht für möglich halten, dass solche Dinge wie Mitmenschlichkeit, Gemeinschaftsgefühl und Fairness wirklich funktionieren können. Ein tiefes Misstrauen hat sich im Abgreifer breitgemacht, er ist sich sicher: Die anderen tun nur so, als würden sie Hand in Hand arbeiten. In Wirklichkeit sind sie doch auch alle darauf aus, die nächstbeste Gelegenheit für sich zu nutzen. Und wenn ich ihnen nicht zuvorkomme, bin ich es, der Federn lassen muss. Also werde ich schlauer sein als sie, schneller, skrupelloser – und brauche mich nicht mehr zu fürchten.

In der Welt des Abgreifers herrscht das Recht des Stärkeren. Da er der Gemeinschaft und ihrer Losung »Wir ziehen alle an einem Strang« nicht traut, gibt es für ihn nur jede Menge Einzelkämpfer, die sich gegenseitig bekriegen. Aus dieser Schlacht muss er tunlichst als Sieger hervorgehen, was ihm auch oft genug gelingt, weil außer ihm kaum jemand auf solch unfaire Methoden kommen würde.

Viele denken bei dem Wort »Abgreifer« zu Recht an die Investmentbanker und Vorstände großer Unternehmen, die sich trotz prekärer wirtschaftlicher Lage ohne schlechtes Gewissen ihre Boni-Zahlungen in die Tasche stecken. Schmutzige Deals wie Schmiergeldgeschäfte und Korruption sind nur möglich, weil es immer jemanden gibt, der aus lauter Raffgier bereit ist, moralische Bedenken über Bord zu werfen. Auch jenseits des ganz großen Geldes finden wir Fälle egoistischer Habsucht: Steuerhinterziehung, Zechprellerei, Schwarzfahren, Diebstahl, Missbrauch von Sozialleistungen … Selbst wenn einige dieser Vergehen eher als harmlose Kavaliersdelikte gewertet werden und niemandem direkt, sondern nur der Solidargemeinschaft schaden – wenn ein Mitglied einer Gesellschaft regelmäßig seine eigenen, persönlichen Interessen über die aller anderen stellt, haben wir es mit einem Abgreifer zu tun.

Die prägende Erfahrung, die einen am Sinn der Gemeinschaft zweifeln lässt, wird meist schon sehr früh gemacht, oft in einer Familie, in der es kein wirkliches Zusammengehörigkeitsgefühl gibt und jeder Angehörige zusehen muss, wo er bleibt. Zuwendung wird nur in der Auseinandersetzung erlebt, Kontakt ergibt sich lediglich im Konkurrenzkampf – wie soll man da Tugenden wie Großzügigkeit und Ehrlichkeit schätzen lernen?

Eine ungute Mischung aus Narzissmus (»Ich bin etwas Besseres als ihr!«) und antisozialer Lebenseinstellung (»Ich ziehe mein eigenes Ding durch und pfeife auf Regeln und Anstand«) überdeckt eine grundlegende Angst, ausgenutzt und verachtet zu werden. Und führt geradewegs ins soziale Abseits – niemand will mit diesem Menschen auf persönlicher Ebene etwas zu tun haben –, was die Unbeholfenheit in der Gruppe noch weiter verstärkt. Die Erfolg versprechende Strategie verschlimmert also die Symptome.

So wie bei Redlefsen. Wenn man ihn fragen würde, was er von seinen Kollegen hält, würde er behaupten, jeder koche sein eigenes Süppchen, darum halte er sich lieber aus allem heraus. Diese Einstellung macht ihn zu einem wortkargen, humorlosen Kameraden, auf dessen Mitarbeit das Team im Grunde verzichten kann. Schließlich haben sie sonst ein gutes Betriebsklima, der Austausch untereinander, die gemeinsam erlebten Erfolge und erlittenen Niederlagen werden viel intensiver wahrgenommen als die Nicht-Beziehung zu diesem Misanthropen, der still und passiv in der Ecke sitzt und scheinbar an nichts Interesse zeigt. Da er keine Signale aussendet, sich beteiligen zu wollen, lassen sie ihn irgendwann links liegen. Dahinter steckt keine böse Absicht, doch aus Redlefsens Perspektive bestätigt sich seine Einstellung: Die kochen doch alle ihr eigenes Süppchen, da halte ich mich lieber raus …, bis der Tag kommt, an dem ich unverhofft aus dem Schatten trete und sie alle böse überrasche, wozu ich wirklich in der Lage bin. Somit ist seine Außenseiterstellung Fluch und Segen zugleich.

Ein kleines bisschen fies sein dürfen…

Dass man von einem Abgreifer überrannt wurde, ist schwer zu verkraften. Und trotzdem halten sich die meisten »Opfer« zurück, schlucken den Ärger runter, ersparen sich die Vorwürfe. Wahrscheinlich habe ich doch einfach nur Pech gehabt, nicht richtig aufgepasst, vielleicht agiere ich zu blauäugig für diese Welt. Man lässt ja auch das Portemonnaie nicht für jeden sichtbar herumliegen oder nachts die Haustür offen stehen. Wenn dann nämlich einer die Gelegenheit ergreift und einem das Ersparte stibitzt, also ehrlich, dann ist man ein bisschen selbst daran schuld.

Redlefsen hat auch bloß eine Chance wahrgenommen, die sich ihm geradezu aufgedrängt hat. Dass er von dem profitiert, was andere mühsam herausgefunden und erarbeitet haben, nun, die Kollegen hätten ja nicht alles so freimütig erzählen müssen. Jetzt ist es ihnen peinlich, dass sie so ungeschickt waren, und niemand geht zum Chef und klagt ihn an. Diese Skrupellosigkeit macht stumm.

Ungestört schmückt Redlefsen sich mit fremden Federn, wird gelobt und nimmt auf dem Erfolgstreppchen immer zwei Stufen auf einmal. Bis er ganz oben ist. Und auf seine ehemaligen Kollegen herabblicken kann.

Warum ärgern wir uns zwar maßlos darüber, ziehen aber nicht die Konsequenzen, sondern verschonen unseren Widersacher?

Oft stört uns am anderen gerade das am meisten, was wir uns selbst nicht erlauben. Wir verabscheuen die Abgreifer für ihre Skrupellosigkeit – weil wir sie uns selbst immer wieder verkneifen. So etwas tut man nicht! Das ist fies! Ich bin da ganz anders!

Moral ist so etwas wie ein Vertrag, den jeder Einzelne von uns mit seiner Umwelt abschließt. Das kann man hochtrabend *moralischen Kontraktualismus*[20] nennen oder es mit dem Sprichwort unserer Großmütter auf den Punkt bringen: »Was du nicht willst, das man dir tu, das füg auch keinem anderen zu.« Wir hoffen, dass man uns nicht bestiehlt, betrügt, verletzt oder sogar ermordet. Dieser Wunsch ist wesentlich größer als der, andere zu bestehlen, zu betrügen, zu verletzen oder sogar zu ermorden. Aus diesem Grund unterlassen wir es, anderen diese schlimmen Dinge anzutun. Wir »erkaufen« uns die Sicherheit, nicht zum Opfer zu werden, und zahlen mit der Verpflichtung, kein Täter zu sein. Zwar stehen diese Verbote auch schwarz auf weiß in unseren Gesetzesbüchern, doch der moralische »Vertrag«, den wir natürlich nur gedanklich unterschreiben, ist tief in unserem Bewusstsein verankert. Deswegen schaden wir auch selbst dann niemandem, wenn wir wissen, dass unsere Missetat unentdeckt bleibt oder nicht strafbar ist – wie im Fall Redlefsen.

Man heimst nicht ein, was die Kollegen mühsam herausgefunden haben. Weil man seine eigene Arbeit ebenfalls wertgeschätzt wissen möchte. Doch Redlefsen klinkt sich einfach aus und wird quasi »vertragsbrüchig«. Üblicherweise würde ein solches Vorgehen sanktioniert werden – und bestimmt redet in dieser Abteilung kein Mensch mehr ein Wort mit Redlefsen nach dem, was er sich geleistet hat – doch das wird ihn kaum kratzen, weil er ohnehin keinen großen Wert auf das Gemeinschaftsgefüge legt.

Genau das ist es, was uns empört und gleichzeitig verstummen lässt. Die Abgreifer halten sich nicht an die Regeln und entziehen sich dann noch der gerechten Strafe.

Das tut mitunter richtig weh – und verrät Ihnen, dass Sie wahrscheinlich über einen besonders ausgeprägten Gerechtigkeitssinn verfügen. Sie können die Sache nicht einfach ad acta legen, weil das Verhalten der Abgreifer etwas verletzt hat, an das Sie ganz fest glauben. Und genau dieses Moralverständnis hindert Sie nun auch daran, richtig auf den Putz zu hauen und diesem Arschloch die

Tour zu vermasseln, denn das würde ja so aussehen, als wären Sie keinen Deut besser. Sie verbieten es sich, nun auch mal fies zu sein, und ärgern sich gleichzeitig darüber, dass ein Fehlverhalten ungesühnt bleibt.

Unser ethisches Verständnis, auf das wir zu Recht stolz sein können, steht uns hier selbst im Weg. Heimlich denken wir: Mensch, wenn wir doch auch nur ein bisschen egoistischer wären und über eine homöopathische Dosis Skrupellosigkeit verfügten … Stattdessen bleiben wir brav und regelkonform, selbst wenn wir auf diese Weise nie vorankommen.

Grämen Sie sich nicht, Sie dürfen nämlich eines nicht aus dem Auge verlieren: Sie sind – im Gegensatz zu den Abgreifern – Teil einer Gemeinschaft. Man redet mit Ihnen, man schätzt Sie für Ihre Zuverlässigkeit, Ihren Teamgeist und vieles andere mehr. Sie bekommen eine Glückwunschkarte zum Geburtstag oder ein Trostpflaster in der Not. Wollen Sie darauf verzichten? Wollen Sie wirklich allein und ungeliebt über allem stehen? Bestimmt nicht!

Doch der Stich, den das Verhalten dieser Arschlöcher Ihnen versetzt, muss nicht folgenlos bleiben. Wenn Sie es allein nicht schaffen, sich gegen die Ungerechtigkeit aufzulehnen, dann nutzen Sie Ihre Kontakte, tauschen Sie sich über das Erlebte aus – und handeln Sie, wenn nötig, gemeinsam. Gehen Sie zum Chef und klären Sie ihn über den Abgreifer auf – wahrscheinlich wird er froh sein, die Wahrheit zu erfahren, denn einem solchen Mitarbeiter will er bestimmt keinen verantwortungsvollen Posten überlassen. Oder gehen Sie zum Abgreifer selbst, konfrontieren Sie ihn mit Ihrer Verärgerung und machen Sie deutlich, dass er sich auf diese Weise Ihre Unterstützung verspielt hat. Oder belassen Sie es einfach dabei. Ist auch nicht schlimm. Man muss zum Glück nicht immer alles klären.

Schauen Sie in Zukunft lieber auf das, was dem Abgreifer fehlt, statt auf die Dinge, die er mit unlauteren Mitteln gewonnen hat. Sie werden merken: Im Vergleich stehen Sie immer besser – und vor allem nicht allein – da.

Sollte sich hinter der Empörung über das Schmücken mit fremden Federn allerdings eine gewisse Abneigung gegen jegliches Schmücken verbergen, dann dürfen Sie dem Abgreifer sogar dankbar sein. Eine Stimme, die Sie zur Bescheidenheit geradezu zwingt und Ihnen Dinge eintrichtert wie: »Tue Gutes und rede nicht darüber!«, hindert Sie, Ihre eigenen Erfolge als solche zu benennen. Diese Erkenntnis bereitet möglicherweise einen Weg für Sie, die PR in eigener Sache zu entwickeln oder zu verbessern. In Organisationen hält sich das Gerücht, dass dies vor allem Frauen schwerfällt. Nun, wie steht es mit Ihnen – Gerücht oder Tatsache?

Die Besserwisser

Die Enttäuschung über ihre Unfähigkeit
macht aus Dummköpfen Besserwisser.

Peter E. Schumacher

Sie sitzen auf einem Hochplateau, die Mitternachtssonne streift gerade den nördlichen Horizont, es könnte ein romantischer Augenblick sein, da sagt Lucie: »Wie du das machst, wird das nichts«, nimmt ihm das Zeitungspapier aus der Hand und stapelt den Holzhaufen mit den gewohnt zackigen Handgriffen. »In der Mitte das nicht zu stark zusammengeknüllte Papier, dann erst kleinere Hölzer zeltartig drumherum aufstellen, schließlich ein oder zwei armdicke Scheite, so wird das ein richtiges Lagerfeuer!« Natürlich lodern die

Flammen in null Komma nix, hätte wirklich schön werden können, die Nacht, aber Robin überlegt die ganze Zeit, ob er nicht die Gelegenheit beim Schopf greifen, seine Sachen packen und abhauen sollte. Lieber zitternd unter freiem Himmel im Schlafsack liegen, als eine Sekunde länger mit dieser Klugscheißerin auszuhalten!

Eigentlich war es ein Abenteuer, ihr erster gemeinsamer Urlaub quer durch Island, eine Insel, die sie beide nicht kennen, lediglich mit Rucksack und Kompass im Gepäck. Mit einer Frau wie Lucie genau das Richtige! Hatte Robin zumindest gedacht …

Was ihm an Lucie gefallen hat, damals, vor einem halben Jahr auf der Semesterparty? Ganz klar: ihre patente, lebenstüchtige Art! Sie ist nicht so umständlich und empfindlich wie die meisten Kommilitoninnen, weiß genau, was sie will und welchen Weg sie dazu einschlagen muss. Mit einer solchen Frau kann man meilenweit durch die Pampa wandern … Aber man braucht Nerven wie Drahtseile und ein unerschütterliches Selbstbewusstsein, sonst fühlt man sich bald wie der allerletzte Dorftrottel!

Bei der Planung hätte Robin schon hellhörig werden müssen. »Überlass mir die Sache mit dem Flug, ich will nicht, dass wir zu viel bezahlen!« Oder: »Du brauchst kein Mückenspray. Wenn du dich mal ein bisschen über unseren Urlaubsort informiert hättest, wüsstest du, dass die Biester da zwar nervig sind, aber nicht stechen können.« Aber da hatte er noch gedacht, wie praktisch es ist, dass Lucie sich mit allem so prima auskennt, man spart eine Menge Zeit und braucht sich nicht selbst zu kümmern.

Doch bei ihrer Ankunft in Island, kurz bevor sie zu ihrer ersten Etappe aufbrachen, begann die Sache unangenehm zu werden.

»Was sind das denn für Dinger?«

»Meine Wanderschuhe.«

»In diesen Flip-Flops willst du ins Hochland?« Sie hatte ihn ausgelacht.

»Das sind super Stiefel, mit denen war ich auch schon mal in Spanien unterwegs. Sie sind robust, regenfest und zudem sind sie eingelaufen.«

»Regenfest? Du weißt aber, dass das dann auf Kosten der Atmungsaktivität geht? Na prima, der Käsegestank im Zelt wird bestimmt gigantisch!«

»Ich kann mir ja jeden Abend die Füße waschen.« So was Bescheuertes! Seine Füße waschen! So ein Versprechen hat er zuletzt seiner Mutter geben müssen, als er ins Landschulheim gefahren ist!

Je höher sie in die Vulkanregion gestiegen sind, desto mehr begann es in ihm zu brodeln. Alles, aber auch wirklich alles wusste sie besser. Ständig gab sie ihm ungefragt Ratschläge, stellte seine Entscheidungen infrage oder bestimmte die Marschrichtung. Er weiß jetzt, dass sein sündhaft teurer Rucksack eine Fehlinvestition gewesen ist, da die Stiftung Warentest ihn mit mangelhaft beurteilt hat. Auch ist ihm klar, dass er eine Niete ist, was Orientierung und Proviantplanung angeht. Manchmal wundert Robin sich selbst, dass er den Trip durch Spanien damals nach dem Abi überhaupt überlebt hat. Er kann nicht vernünftig kochen, nicht mit kaltem Wasser Wäsche waschen und sollte mal zum Arzt gehen, weil seine Rückenhaltung beim Gehen nicht gesund sein kann.

»Worüber denkst du nach, Schatz?«, fragt Lucie jetzt, hier unter dem gigantischen Sternenhimmel, neben dem 1-A-Lagerfeuer. Ihr scheint nach Schmusen zumute zu sein. Dann wird sie auf einmal ganz weich und anschmiegsam, fast als könne sie die Lehrmeisterin per Knopfdruck ausschalten.

Okay, er wird Lucie heute Nacht nicht verlassen. Geht ja auch nicht.

Robin ist sich nämlich gar nicht mehr so sicher, ob er überhaupt noch in der Lage ist, allein den Weg zurückzufinden.

Zu viel des Guten

Eigentlich, und in Maßen genossen, sind sie ja gar nicht so schlimm, diese Besserwisser, immerhin haben sie zu allem eine konkrete Meinung, kennen sich in vielen Dingen prima aus, sind dabei wortgewandt und oftmals auch mit einem gewissen Charme ausgestattet. Auf den ersten Blick würde man denken: Mit so einem patenten Menschen könnte ich problemlos auf einer einsamen Insel stranden, dem schenke ich mein Vertrauen, der wüsste uns schon zu helfen.

> ## Besserwisser
>
> – auch bekannt als Neunmalkluge, Klugscheißer, Pedanten, Korinthenkacker, Schlaumeier.
> – wirken auf den ersten Blick oft selbstbewusst, patent, tüchtig, zupackend.

Besserwisser schreiben Bücher (so wie wir), halten feurige Reden und packen mit an, wenn mal Not am Mann ist. Das Nervige ist nur: Sie übertreiben es leider maßlos.

Wer mal einen gut gemeinten Ratschlag erteilt bekommt, weiß das mitunter zu schätzen. Wenn aber jemand ständig und zudem ungefragt seinen Senf dazugeben muss, kann man ungehalten werden.

Dass es durchaus Menschen gibt, die auf dem einen oder anderen Gebiet cleverer sind als wir, ist zu ertragen. Oft profitieren wir ja auch davon, bitten den Kollegen zu Hilfe, der so gut in Sachen Buchführung Bescheid weiß oder fragen den Nachbarn nach dem ultimativen Tipp, wann und wie der Apfelbaum am besten zurückgeschnitten werden muss. Sollte aber jemand permanent das Gefühl vermitteln, uns haushoch überlegen zu sein, fühlen wir uns entsprechend degradiert. Und das macht wütend. Es ist wie mit einem guten Wein: Ein paar Schlucke verursachen Wohlbefinden, eine ganze Flasche jedoch Kopfschmerzen.

Robin beispielsweise ist ein junger Student, den nach neuen Eindrücken dürstet. Er will das tun, was Menschen in seinem Alter schon seit Jahrtausenden machen: in die Welt hinausfahren, Fragen stellen, Fehler begehen und Wissen erlangen. Denn nur das, was er selbst am eigenen Leib erfahren hat, wird ihn wirklich klüger machen. In Lucie hat er sich Hals über Kopf verliebt, weil sie so selbstbewusst scheint, so patent und praktisch. Genau so eine Gefährtin wünscht er sich auf seiner Reise, die nicht nur nach Island, sondern auch – selbst wenn das jetzt irgendwie prätentiös klingt – in seine Seelenlandschaft gehen soll.

Aber dann mutiert diese Begleitung auf einmal zum Häuptling, sie geht nicht mehr neben ihm, sondern eilt ständig voraus. Obwohl sie beide im selben Flieger sitzen, dasselbe Zelt bewohnen, dieselben Wege wandern, scheinen sie auf unterschiedlichen Reisen unterwegs zu sein. Durch ihr oberlehrerhaftes Verhalten gibt Lucie vor, wer in ihrer Beziehung welche Position zu besetzen hat: Sie ist die Anführerin, und er muss ihr folgen. Sie bestimmt das Tempo, die Richtung, die Marschroute und Ausrüstung. Kein Wunder, dass die Reise Robin inzwischen überhaupt keinen Spaß mehr macht.

So wie wir zunehmend genervt reagieren, wenn der Buchhalter ab jetzt täglich in unserem Büro erscheint, um in unseren Unterlagen nach dem Rechten zu schauen – oder der Nachbar beginnt, uns regelmäßig über den Gartenzaun hinweg darauf hinzuweisen, dass jetzt die Kirsch- und Birnbäume dringend gestutzt werden müssten.

Das Verhältnis zwischen Besserwissern und ihren Mitmenschen leidet unter einer gewissen Eindimensionalität. Wenn nur noch einer spricht und alle anderen zum Lauschen verdonnert sind, findet keine wirkliche Kommunikation statt, die wörtliche Rede gleicht eher einer Ansage.

Neben der Aufwertung der eigenen Ansichten wird anderen Meinungen mit Intoleranz begegnet. Kritik oder Anregungen kommen gar nicht erst auf die Tagesordnung. Fast stur und oft auch moralisierend beharrt ein rechthaberischer Mensch auf seiner Sicht der Dinge. Ein solcher Mensch wird kein »Sowohl-als-auch« gelten lassen, sondern spricht nur von »richtig oder falsch«, als wäre die Welt eine Rechenaufgabe mit nur einem gültigen Ergebnis. Aber wer will schon die ganze Zeit das Gefühl haben, wieder auf der Schulbank zu sitzen und dem Mathelehrer beim Frontalunterricht zu folgen?

Große Klappe, nichts dahinter!?

Wahre Intelligenz zeichnet sich unter anderem dadurch aus zu wissen, dass man eben nicht alles weiß. Oder dass es auf ein und dieselbe Frage durchaus mehrere richtige Antworten geben kann. Toleranz anderen Meinungen gegenüber und Neugierde auf die vielen Alternativen, die sich im Leben bieten, sind die Voraussetzung, persönlich beweglich zu bleiben. Wer auf feststehenden Prinzipien beharrt und sich anderen Ansichten verschließt, läuft Gefahr, unwissend zu bleiben.

Trotzdem neigen Maulhelden sogar manchmal dazu, gerade die Dinge, von denen sie wenig oder keine Ahnung haben, ausschweifend zu thematisieren. Je mehr Widerspruch sie erfahren, desto vehementer vertreten sie ihre Thesen. Aus diesem Grund ist es auch vergebene Liebesmüh, dem angeblichen Alleswisser einen begangenen Fehler unter die Nase zu reiben, selbst wenn Sie den Irrtum schwarz auf weiß und mit einem Lexikon in der Hand nachweisen könnten. »Das ist nicht aktuell!« – »Ein Druckfehler, ganz bestimmt!« Oder: »Die haben doch alle keine Ahnung!« Um Ausreden ist ein Rechthaber selten verlegen. Selbst Albert Einstein wäre neben einem solchen Exemplar kaum zu Wort gekommen, wenn dieses gerade der Welt zu erklären versucht hätte, dass die Relativitätstheorie reiner Nonsens sei.

Genau daran wird deutlich, dass es Besserwissern grundsätzlich nicht um das Wissen oder Können an sich geht, sondern vielmehr um das Kaschieren von Nichtwissen und Unfähigkeit. In erster Linie wollen sie nicht den anderen bloßstellen oder für dumm verkaufen, sondern sich selbst vor einer Entlarvung schützen.

Tief im Inneren wissen sie nur eines wirklich besser als alle anderen: dass sie Angst davor haben, ein Nichts und Niemand zu sein. Ihre Tüchtigkeit ist nämlich zugleich Markenzeichen und Schutzschild. Menschen wie Lucie wünschen sich die Anerkennung ihrer Umgebung, wollen Lob hören und sich unersetzlich fühlen, vielleicht können sie dann irgendwann selbst einmal glauben, ein wertvoller Mensch zu sein. Doch ihr Unterbewusstes flüstert ihnen ständig ein, dass sie gar nichts können und niemals gut genug sind. Leistung erscheint ihnen übertrieben wichtig, um auf diesem Weg die so dringend benötigte Wertschätzung zu erfahren.

Lucie ist als mittleres Kind zwischen zwei Brüdern groß geworden, die Eltern führen eine erfolgreiche Arztpraxis, und das Familienleben hat schon immer eher einem gut organisierten Unternehmen als einem Zuhause geglichen, in dem man sich wohlfühlen kann. Wenn es Lob zu hören gab, dann für das tolle Verantwortungsbewusstsein, die hervorragenden Schulnoten und das aufgeräumte Zimmer. Natürlich hat Lucie in der Pubertät dagegen rebelliert, ist nachts viel zu lange weggeblieben und hat mit Freunden die elterliche Hausbar geleert. Doch statt ernsthaften Ärgers oder einer angemessenen Bestrafung haben Lucies Entgleisungen nur blankes Desinteresse bei den Eltern hervorgerufen. Allenfalls die Drohung, sie beim nächsten Mal in ein Internat zu stecken, stand von da an zur Debatte, gekoppelt an den Hinweis, sich doch ein Beispiel an ihren Brüdern zu nehmen, die wären fleißig und vernünftig. Eine Auseinandersetzung, warum Lucie dermaßen über die Stränge geschlagen hat, fand niemals statt.

Ein eindeutiges Signal an den heranwachsenden Menschen: Wenn du funktionierst, nehmen wir dich wahr. Wenn du Mist baust, bist du es nicht wert, beachtet zu werden. Aus dieser Konstellation können sich Facetten einer narzisstischen Störung entwickeln. Dann wird das missachtete Ich, diese gähnende Leere im Inneren einer Person, mit allerlei Tricks überspielt. Bei den Besserwissern wird das Glänzen durch Fleiß, Wissen und Geschicklichkeit zum zwanghaften Muster. Rechthaberei ist im Grunde nicht mehr als ein ziemlich aufwendiges Ablenkungsmanöver.

Gut meinen – besser wissen – am besten reden

Dieses neunmalkluge Verhalten kann zu einer andauernden Grenzüberschreitung ausarten, wird also zu Recht von vielen Menschen als Angriff auf ihre eigene Person gewertet. Woran liegt das?

Es reicht diesen Zeitgenossen nämlich nicht, einfach nur den Eindruck zu erwecken, besonders viel zu wissen. Dann wären sie lediglich harmlose Klugscheißer. Nein, in unserem Fall liegt die Betonung eindeutig auf *Besser*wisser.

Mit ihrem Eifer versuchen sie, ein deutliches Gefälle zu ihrem Gegenüber herzustellen. Sie möchten nicht schlau sein, sondern schlauer. Nicht kompetent, sondern kompetenter. Den ultimativen

Gewinn ihrer zwanghaften Tüchtigkeit ziehen sie immer aus dem Vergleich mit anderen. Genau das macht uns im Umgang mit Besserwissern geradezu rasend. Wer hat schon Lust, zu einem ständigen Konkurrenzkampf genötigt zu werden, der ohnehin nur verloren werden kann?

Robin für seinen Teil bewundert seine Freundin ja durchaus für ihre Souveränität. Er will aber noch lange nicht zum Verlierer abgestempelt werden. Eigentlich will er sich gar nicht mit ihr messen müssen, sondern einfach nur eine schöne gemeinsame Zeit erleben. Doch das scheint mit Lucie nicht möglich zu sein. Immer wenn er etwas anders angeht als sie, sieht er sich dem Vorwurf ausgesetzt, es falsch zu machen. Dadurch demonstriert sie andauernd ihre Überlegenheit, was ihn mehr und mehr zermürbt. Irgendwann hat Lucie ihn dann vielleicht so weit, und Robin fühlt sich genauso wertlos und wenig liebenswert wie sie. Dies entspricht der typischen Vereinnahmung, die Narzissten anstreben: Sie belasten ihre Mitmenschen mit ihren eigenen Befindlichkeiten, um sich selbst dadurch größer und stärker zu fühlen. Wenn Lucie so überzeugend gewesen ist, dass ihr Freund sich in ihrer Gegenwart mickrig und nichtssagend fühlt, dann kann sie selbst an ihre Dominanz glauben.

Der Besserwisser möchte bewundert und geliebt werden und gleichzeitig jeden, der ihn anhimmelt, zugrunde richten. Eine fatale Kombination, über kurz oder lang wird er allein dastehen – entweder weil alle anderen sich genervt zurückgezogen haben oder weil sie sich inzwischen derart minderwertig fühlen, dass die Beziehung wertlos geworden ist. Denn das Zusammenleben mit einem Partner, der kein ernst zu nehmender Rivale in Sachen Besserwisserei mehr ist, verliert natürlich seinen Reiz.

Wie aber soll man reagieren, wenn man dermaßen mit Kompetenzbeweisen überhäuft wird? Immer nur loben und danken und bestätigen: Ja, du bist echt toll! Ohne dich wäre ich verloren! Da kann man sich doch glatt an seinen eigenen Worten verschlucken. Zudem bekräftigt man dadurch den Besserwisser in seiner Meinung, dass seine Strategie erfolgreich ist.

Neben der üblichen Lösung, in Zukunft einfach einen weiten Bogen um den Schlaumeier zu machen, kann auch die Konfrontation etwas Linderung bringen. Glücklicherweise sind die Besserwisser ja kommunikative Menschen, leider jedoch sehr empfindlich und schnell eingeschnappt. Deswegen sollten Sie bei einem klärenden Gespräch einige Punkte unbedingt beachten:

- Die Aussprache sollte möglichst unter vier Augen stattfinden. Wenn Zeugen dabei sind, wird die Aussprache für den Besserwisser zur Qual, er wird sich gedemütigt und vorgeführt fühlen und umso mehr betonen, dass er hundertprozentig im Recht ist und Sie mit Ihrem Anliegen absolut danebenliegen.
- Geben Sie dem Besserwisser Sicherheit, indem Sie zu Gesprächsbeginn seine Stärken erwähnen. Wenn er sich wertgeschätzt fühlt, wird er eher den Mut aufbringen, von seiner Unbelehrbarkeit, die ja sein Schutzschild ist, Abstand zu nehmen.
- Beschreiben Sie, wie Sie sich neben dem Besserwisser fühlen: nicht ernst genommen, bevormundet, wie ein kleines Kind …
- Formulieren Sie, wie Sie sich die Beziehung in Zukunft wünschen: gleichberechtigt, auf Augenhöhe, respektvoll …
- Schlagen Sie konkrete Verbesserungen vor: klare Absprachen für jeweilige Zuständigkeiten treffen, Redezeiten vereinbaren, Kommunikationsregeln entwickeln (z.B. dass Sie nicht ständig beim Reden unterbrochen werden möchten) …

- Benennen Sie die Auswirkungen, die diese Änderungen auf ihr Verhältnis zueinander haben könnten: Gefühl der Akzeptanz, Freude am Miteinander, Profitieren vom Know-how des jeweils anderen ...
- Die Tragik des Besserwissers besteht ja darin, dass er glaubt, es doch nur gut zu meinen, trotzdem wenden sich die anderen so undankbar von ihm ab. Machen Sie deswegen deutlich, dass ihr Freund, Partner, Kollege oder Bekannter keine Angst davor haben muss, Ihre Aufmerksamkeit zu verlieren, sondern sich vielmehr freuen kann auf eine in Zukunft wesentlich entspanntere Beziehung.

Die Choleriker

Der Mutmensch kennt den Zorn,
der Furchtmensch die Wut und den Ärger.

Walther Rathenau

Michaels Stimme ruft vom Wohnzimmer her: »Tanja, kannst du bitte mal kommen?«

Sie hört auf, sich zu schminken, steht nur da und betrachtet sich selbst im Badezimmerspiegel. Einen Mann wie Michael an der Seite zu haben ist wie ein Sechser im Lotto, denkt sie. Endlich einer, der es ernst meint, der weiß, was er will, und konsequent ist in dem, was er tut. Kein Waschlappen also. Trotzdem ist es ihm wichtig, ihr seine Gefühle ganz klar und deutlich mitteilen zu können. Er trägt sie sprichwörtlich auf Händen: rote Rosen zum Wochenende und ihre Lieblingspralinen auf dem Kopfkissen, welcher Mann macht so etwas schon? Wenn Michael ihr sagt, dass er sie liebt, dass er sie schön findet und sein Leben mit ihr teilen will, dann ist Tanja glücklich. Noch nie hat sie sich bei einem Mann so gut aufgehoben gefühlt.

»Kommst du bitte mal!« Manchmal hat er einen bestimmten Tonfall. Mit einer speziellen Melodie. Die Betonung auf bitte.

Ein harmloser Satz eigentlich. Doch er löst bei Tanja etwas aus. Sie steht gerade im Badezimmer und will sich schick machen für einen Theaterbesuch, doch der Ruf lässt sie alle Tätigkeiten abrupt beenden. Der Lippenstift fällt ins Waschbecken und malt einen roten Streifen auf die Keramik, hoffentlich ist das Malheur nicht allzu mühselig zu entfernen, in zehn Minuten wollen sie doch los!

Statt sich zu schminken, zieht Tanja die Schultern hoch und rattert im Kopf augenblicklich alles durch, was sie in den letzten Stunden eventuell verbockt haben könnte.

Sie weiß, sie ist mit dem Auto über einen ungepflasterten Weg gefahren, und zwar bei Regen. Danach hat sie die Schlammspritzer womöglich nicht gründlich genug abgewaschen. Bestimmt sieht der Wagen noch immer ganz furchtbar aus, sie hat dafür einfach nicht den genauen Blick.

Oder hat sie vergessen, den richtigen Käse einzukaufen? Schon im Supermarkt war sie nicht mehr sicher gewesen, ob Michael den Camembert mit weißem oder rotem Schimmel bevorzugt. Das hat er ihr bestimmt schon mal erzählt, und sie hat es schlichtweg vergessen. Manchmal war sie einfach nicht richtig bei der Sache, meine Güte, was ist so schwer daran, sich die kulinarischen Vorlieben seines Verlobten einzuprägen?

Tanja findet das Leben zurzeit sehr anstrengend. Früher ist ihr nie aufgefallen, wie viele Dinge es gibt, die man falsch machen kann. Da hat sie einfach immer fröhlich alles angepackt, wie es ihr in den Sinn kam – und dabei nicht die geringste Angst verspürt, dass es irgendwelche unangenehmen Folgen haben könnte. Weshalb gelingt ihr das auf einmal nicht mehr?

Vorhin war doch alles noch in Ordnung. Michael hat gekocht, sie haben zusammen gegessen und ausgemacht, dass sie in einer halben Stunde ins Theater gehen wollen. Sie haben sogar über eine lustige Karikatur in der Zeitung gelacht. Michael ist ja im Grunde genommen ein total humorvoller Mensch, man kann sich mit ihm über so vieles amüsieren.

Seit fast einem Jahr sind sie ein Paar. Ein Traumpaar, findet Tanja. Einen Mann wie Michael hat sie schon immer haben wollen, einen, der sie am Wochenende mit einem köstlichen Menü verwöhnt, belesen ist, der Theaterkarten kauft und ihr immer wieder sagt, wie sehr er sie liebt. Inzwischen leben sie zusammen in seiner schicken Wohnung, teilen sich ein Auto und wollen nächstes Jahr heiraten – die Flitterwochen auf den Seychellen hat er bereits gebucht. Doch immer öfter ist es Tanja schleierhaft, was ein Mann wie Michael an einer so ungeschickten Frau wie ihr findet.

»Tanja, ich hab dich gerufen, komm doch bitte mal in den Flur! Jetzt gleich!«

»Kleinen Moment noch, Schatz!«

Sie erinnert sich an die Sache mit der Speicherkarte und beginnt zu schwitzen. Ja, diese winzige Speicherkarte aus dem Handy, auf der ein paar Fotos abgespeichert waren, die hatte sie aus Versehen in den falschen Schlitz an ihrem Laptop gesteckt, sodass dieses blöde Ding nicht mehr herauszubekommen war.

»Mal ehrlich, das sieht doch wohl ein kleines Kind, dass eine so kleine Karte nicht in einen so großen Eingang gesteckt werden sollte, oder?« Tanja hatte gehofft, dass es ihr mit der Pinzette gelingen würde, das Plättchen zu fassen. Aber leider war das nicht möglich, und es blieb nur eine Maßnahme: Das Gehäuse musste aufgeschraubt werden! »Ich mach das schon«, hatte sie Michael angeboten. »Bist du total *bescheuert? Wer schon so dämlich ist, das Teil da reinzuschieben, dem gebe ich ganz bestimmt keinen Schraubenzieher in die Hand, um einen tausend Euro teuren Laptop komplett zu ruinieren!« Dann hatte sie untätig neben ihm gesessen und ihm dabei zugeschaut, wie er fluchend und schimpfend das Gerät auseinandermontierte. Blöderweise kam man an die betreffende Stelle nur ganz schlecht ran, und Michael musste einige Male mit der Faust auf den Tisch schlagen, um seine verständliche Wut loszuwerden. Alles nur, weil sie aus einer Leichtsinnigkeit heraus etwas getan hatte, das sie lieber ganz hätte sein lassen sollen, denn sie ist bei diesen Computersachen schon immer schrecklich unbedarft gewesen. Michael hat es wirklich nicht leicht mit ihr.*

Sie hat auch schon mehrfach versucht, das ihrer besten Freundin Natascha zu erklären. Die liegt ihr immer wieder in den Ohren, sie solle sich von Michael trennen, der Mann sei ein Arschloch. Wie Natascha zu dieser Behauptung kommt, ist Tanja schleierhaft, denn sie stimmt vorn und hinten nicht: Er trägt sie auf Händen, er liebt sie mit allen ihren Macken und bleibt dabei sogar bewundernswert ruhig, anderen Männern wäre bestimmt schon längst der Kragen geplatzt. Wahrscheinlich hat Michael recht, wenn er sagt, dass sie bei der Wahl ihrer Freundinnen einfach immer danebenliegt. Die ist einfach nur neidisch, weil wir beide so glücklich sind. Schade um Natascha, aber wenn diese Frau …

»Tanja! Bitte!«

Was habe ich nur falsch gemacht? Womit habe ich ihn in Rage versetzt? Was, wenn wegen irgendeiner meiner Unachtsamkeiten der schöne Abend ins Wasser fällt? Sie duckt sich fast, als sie aus dem Badezimmer schleicht.

Michael steht vor dem Spiegel im Flur, in seinen Händen die Enden seiner Krawatte. »Welcher Idiot hat sich nur diese komplizierten Knoten ausgedacht?«, *flucht er.*

»Soll ich dir helfen?«
»Ja, sonst kommen wir hier bis morgen nicht weg.«
Tanja lächelt erleichtert. Recht hat er, diese Krawattenmenschen
haben doch alle einen Knall.

Kennen Sie Hulk?

Wir meinen diese grauslich grüne Comic- und Filmfigur, das Alter
Ego eines sonst vernünftigen, intelligenten und friedliebenden
Wissenschaftlers. Sobald er wütend wird, verwandelt Dr. Bruce
Banner sich in ein muskelbepacktes, stumpfsinniges Monster, das
alles niedertrampelt, was sich ihm in den Weg stellt. Diese Wand-
lungsfähigkeit ist für ihn Fluch und Segen zugleich. Endlich kann
er all seine unterdrückte Aggression so richtig herauslassen, denn
wo Hulk hinschlägt, wächst kein Gras mehr. Andererseits ist dieser
absolute Kontrollverlust auch erschreckend, er signalisiert: Dazu
bin ich also in der Lage, sobald ich aufhöre, mich zusammenzurei-
ßen...

Choleriker

– auch bekannt als Hitzköpfe, Kampfhähne, tickende Zeit-
  bomben.
– wirken auf den ersten Blick oft großzügig, fürsorglich,
  authentisch, ehrlich.

Inzwischen haben sich auch psychologisch ambitionierte Comic-
zeichner auf diesen spannenden Typ gestürzt und ihn analysiert.
Das Ergebnis ist traurig, aber wenig überraschend: Hulk ist ein
Symbol von innerer Rage, ein Kindheitstrauma hat zu einer disso-

ziativen Identitätsstörung geführt – der berühmte Sigmund Freud hätte den grünen Muskelprotz sicher gern als Patient auf seiner Couch begrüßt.

Bestimmt sind Sie auch im wahren Leben schon dem einen oder anderen Hulk begegnet: dem aggressiv hupenden Autofahrer hinter Ihnen, der Sie wild gestikulierend darauf aufmerksam gemacht hat, dass der Rechtsabbiegerpfeil grün leuchtet. Oder der unberechenbaren Chefin, die einen lautstark in ihr Zimmer zitiert, wobei man einfach keinen blassen Schimmer hat: Werde ich jetzt befördert oder gefeuert? Da Wohlgefallen und Wutausbruch so haarscharf nebeneinanderliegen, ist der Umgang mit dieser Person immer ein Tanz auf dem Vulkan.

Der Begriff »Choleriker« ist auf das altgriechische Wort für Galle zurückzuführen. Dieses kleine Organ, das uns hilft, Schwerverdauliches auszuscheiden, finden wir auch in zahlreichen Redewendungen zur Beschreibung von Wut wieder: »Sie hat Gift und Galle gespuckt!« – »Mir kocht gleich die Galle über!«

Das Bild passt: Ein Choleriker nutzt seine Wutausbrüche, um alles, was ihm in diesem Moment ungelegen kommt beziehungsweise ihm schwer im Magen liegt, wieder loszuwerden. Und oft ist bei diesem Wüterich die Grenze des Erträglichen sehr schnell überschritten. Entsprechend übertrieben erscheint uns seine Reaktion auf banale Kleinigkeiten.

Natürlich kann man Michaels Ärger verstehen, wenn Tanja aus Unachtsamkeit die Speicherkarte in den falschen Laptop-Eingang steckt. Doch muss er sie deswegen so runtermachen? Ihre Kompetenz infrage stellen? Seine geballte Faust mehrfach auf den Tisch knallen? Man will ihn eigentlich zur Seite nehmen und sagen: Mach mal langsam, so schlimm war das jetzt nicht, so was passiert eben. Bring das Gerät zum Fachmann, ich übernehme die Rechnung, und fertig!

Was verspricht Michael sich davon, dass er durch sein Schimpfen und Drohen die Frau, mit der er zusammenlebt, in Angst und Schrecken versetzt? Ihm muss doch klar sein, dass er nicht nur ihr, sondern auch sich selbst das Leben schwer macht. Eine Beziehung, die auf Furcht basiert, hat schlechte Chancen, dauerhaft glücklich und erfüllend zu sein. Nicht nur in der Partnerschaft, auch im Berufsleben, in der Nachbarschaft, in der Familie, überall.

Was ist es, was der Choleriker nicht verdauen kann? Es wird doch nicht nur die blöde Speicherkarte sein!

Der eigentliche Brocken, der Michael zu schaffen macht, der ihn ständig glauben lässt, gleich explodieren zu müssen, ist überraschenderweise dasselbe Gefühl, das er permanent zu verbreiten versucht: Angst!

Wut und Angst – zwei (un)heimliche Schwestern

Wut und Angst – zwei Emotionen, wie sie unterschiedlicher nicht sein können. Die Wut ist laut und extrovertiert, sie poltert los, ohne groß zu überlegen, und richtet Schaden an, der sich oft nicht wiedergutmachen lässt. Die Angst hingegen macht verschlossen und übervorsichtig. Aus Furcht vor dem, was passieren könnte, wagt sich der Ängstliche nicht mehr in die Welt hinaus.

Und doch sind diese beiden Gefühle eng miteinander verwandt.

In einer Hinsicht ist der Zusammenhang offenkundig: Michael tobt vor Wut, was Tanja schreckliche Angst macht. Da sie seine übertriebenen Zornesausbrüche fürchten muss, ist sie stets darauf bedacht, bloß keinen Fehler zu begehen.

Doch bei Cholerikern funktioniert es genau andersherum: Da sie nicht wissen, wie sie mit ihrer Angst umgehen sollen, wird aus diesem für sie unerträglichen Gefühl irgendwann Wut.

Auf der »biochemischen Rezeptur« stehen bei Angst und Wut ähnliche Zutaten: Adrenalin und Cortisole versetzen den Körper in Alarmbereitschaft, gleichzeitig verursacht ein Mangel des Wohlfühlhormons Serotonin einen hundsmiserablen Gemütszustand. Auch die körperlichen Auswirkungen gleichen sich: Der Puls rast, der Mund wird trocken, der Blick schweift unruhig hin und her.

Das hat, wie wir wissen, seinen guten Grund, denn auf diese Weise bereitet sich der Mensch darauf vor, die ungünstige Lage zu verbessern. Dafür gibt es aktive und passive Möglichkeiten: Konfrontation und Angriff oder Vermeidung und Flucht. Idealerweise verrät uns der Instinkt, wann welche Strategie die besseren Erfolgsaussichten hat. Wenn ein Hundehalter seinen Fiffi in unserem Vorgarten sein Geschäft verrichten lässt, gehen wir raus und schimpfen, bis der Haufen fachgerecht entsorgt ist. Sollte Fiffi jedoch ein Pitbull ohne Herrchen, Leine und Maulkorb sein, bleiben wir lieber im Haus.

Doch bei Cholerikern ist diese Wahlmöglichkeit nicht gegeben: Wenn ihnen etwas gegen den Strich läuft, können sie nur auf das eine der verschwisterten Gefühle zurückgreifen – auf die Wut. Einmal ordentlich auf den Putz hauen ist wesentlich einfacher, als sich einer verborgenen Angst zu stellen. Man fühlt sich dabei auch wesentlich stärker.

Und je kleiner sich die anderen machen, je mehr sie kuschen aus lauter Furcht, desto mächtiger und größer kann der Choleriker sich finden. Jähzornige Menschen haben einen erkennbar narzisstischen Anteil; typisch für diese Persönlichkeiten ist das *expanded self* – also die Methode, sich und seine eigenen Befindlichkeiten auf andere Menschen auszudehnen. Genau das passiert nämlich, wenn ein Hitzkopf jemanden gefunden hat, an dem er sich entladen kann. Erst einmal stellt er ein eindeutiges Gefälle her: Ich bin hier derjenige, der sagt, was falsch gelaufen ist, und du bist der Schuldige. Ich bin oben, du bist unten. Ich bin stark, du bist schwach.

Damit wird ein Klima der Angst erzeugt, von dem der Choleriker sich unbewusst erhofft, dass seine eigene Furcht sich darin auflöst. Ich drohe dir, also hast du Angst. Und wenn ich der Grund für deine Angst bin, kann ich mich mutig fühlen. Wenn ich nur laut genug herumschreie, werde ich selbst irgendwann daran glauben, unverwundbar zu sein. Ganz nach dem Motto: Angriff ist die beste Verteidigung.

Alles unter Kontrolle

Doch der Choleriker beginnt meist schon viel eher damit, die Angst durch sein Verhalten zu überdecken, indem er versucht, möglichst viele Dinge in seinem Leben zu kontrollieren. Denn das verleiht ihm ein trügerisches Gefühl der Sicherheit.

Auf den ersten Blick scheint Michael wirklich freigebig zu sein: Er überlässt Tanja seinen Wagen, seinen Laptop, seine Wohnung. Nächstes Jahr will er sie heiraten, die Flitterwochen sind schon fest gebucht. Doch mit dieser Großzügigkeit macht er Tanja nach und nach von sich abhängig. Er sieht, wie viele Kilometer sie gefahren ist, welche Websites sie besucht hat, wann sie zu Hause ist. Die Hochzeit wird sie nicht so leicht absagen, wenn der Seychellen-Trip bereits bezahlt wurde. Und den kritischen Punkt – diese lästige Freundin Natascha, die Tanja gegen ihn aufbringen will – wird er los, indem er ihr böse Absichten unterstellt. Am liebsten wäre ihm, wenn Tanja außer ihm keinen Ansprechpartner für persönliche Dinge hätte, und das gelingt ihm, indem er Misstrauen sät. So gewinnt er die totale Übersicht über das, was in ihrem Leben passiert. Tanja kann ihm nicht so einfach davonrennen …

Das ist nämlich seine große Sorge. Ganz einfach auf den Punkt gebracht: Michael hat Angst, nicht wirklich geliebt und bei nächstbester Gelegenheit verlassen zu werden. Immer wenn etwas schiefläuft, selbst wenn es nur so etwas Harmloses wie ein Schlammspritzer am Autolack ist, glaubt er sich und seine kontrollierte Welt in Gefahr. Sofort kommt bei ihm Angst auf, er deutet sie jedoch in Wut um – und rastet so lange aus, bis Tanja sich zu fürchten beginnt.

Manchmal entschuldigt er sich sogar oder verharmlost: »Wer mit mir zusammen ist, muss einfach ein dickes Fell haben. Ich meine das ja gar nicht so, wie es für dich vielleicht rüberkommt.« Jemand, der gerade so richtig zusammengestaucht wurde, wird kaum noch die Größe haben, hier zu widersprechen. Hauptsache, es herrscht wieder Frieden.

In der Kriminalistik begegnet einem diese Konstellation nicht selten: Das Opfer einer Gewalttat nimmt den Peiniger sogar noch in Schutz und gibt sich selbst die Schuld an dem, was passiert ist. Nicht wenige behaupten steif und fest, sie hätten durch eigenes Fehlverhalten den anderen derart provoziert, dass dieser quasi keine andere Wahl hatte, als zuzuschlagen.

Wenn es erst einmal so weit ist, hat ein Choleriker sein Ziel erreicht: Die absolute Kontrolle über den Menschen, der von nun an einzig und allein für sein Wohlergehen – und vor allem für seine Angst – zuständig ist.

Doch kann man es einem Choleriker überhaupt recht machen? Wenn man sich ernsthaft anstrengt und aufpasst, keine Fehler zu begehen? Oder sogar im vorauseilenden Gehorsam nur noch Dinge tut, von denen man weiß, dass sie erwartet werden? Das muss doch den aufbrausendsten Zeitgenossen sanftmütig stimmen.

Nun, dazu müsste man womöglich ein Wesen vom anderen Stern sein. Ausschlaggebend für das gravierende Unwohlsein, wenn etwas schiefläuft, für die Unsicherheit, ob jemand es ehrlich meint, ist möglicherweise eine Borderline-Persönlichkeitsstörung. Wir erinnern uns: Für Menschen, die damit leben müssen, gibt es nur schwarz und weiß, nur gut und böse, nur Liebe und Hass. Aber nichts dazwischen.

Also müsste ein Mensch, der mit einem waschechten Choleriker auskommen will, hundertprozentig perfekt sein. Immer gut gelaunt, frisch geduscht und bereit, die Wünsche des anderen zu erfüllen. Nur die minimalste Abweichung – ein Widerwort, eine vergessene Verabredung, der falsche Camembert – würde sonst als radikaler Irrweg begriffen werden.

Ein jähzorniger Chef hat also eigentlich kein Problem mit der jungen Mitarbeiterin, die er anschreit, weil sie »plötzlich« schwanger geworden ist, sondern vielmehr mit der Tatsache, dass Angestellte aus welchen Gründen auch immer eine Weile ausfallen können. Für ihn gilt nämlich: Wer von mir bezahlt wird, der hat auch die Arbeit zu erledigen, die ich ihm auftrage, und zwar mit vollem Einsatz und ohne aufzubegehren. Wer meiner Vorstellung zuwiderhandelt, meint es schlecht mit mir und der Firma. Die Sorge, die dahintersteckt, basiert womöglich auf einer Überforderung: Bin ich wirklich in der Lage, so viele Menschen zu leiten? Werden sie eines Tages meine Schwäche erkennen und diese schamlos ausnutzen? Also sind alle Vorkommnisse, die auch nur entfernt seine Kompetenz als Führungskraft tangieren, eine Gefahr. Jeder Konflikt von Beförderung, Gehaltserhöhung, Urlaubsantrag bis zu den leidigen Überstunden könnte ihn als unfähig enttarnen, darum plustert er sich auf, schreit los, haut auf den Tisch – so schnell wird sich keiner mehr mit solchen Anliegen in sein Büro trauen.

Obwohl ein schlechtes Betriebsklima, ausgelöst durch einen unberechenbaren Chef, nachweislich der Produktivität eines Unternehmens schadet, sitzt in den obersten Etagen trotzdem relativ oft ein Hitzkopf. Tatsächlich bewirkt dieses »Mit-Zuckerbrot-und-Peitsche«-Prinzip kurzfristig einen hohen Erfüllungsgrad, den Anweisungen eines polternden Despoten wird eine höhere Priorität eingeräumt als denen des verständnisvollen Kollegen. Also kommt der Brüllaffe schneller ans Ziel, was leider als Erfolgskonzept noch immer zu beeindrucken scheint. Dass in seiner Abteilung der Krankenstand höher ist als anderswo, muss ja nicht zwangsläufig am vergifteten Umgangston liegen …

Bei Cholerikern gibt es zudem oft eine Art Reizthema, bei dem sie besonders schnell in die Luft gehen können, beispielsweise der Umgang mit Geld, Gesundheits- oder Verantwortungsbewusstsein, Familienplanung oder Politik. Vorsicht, davon sollte man bei einigen Temperamentsbolzen besser gar nicht erst anfangen, da begibt man sich auf dünnes Eis!

Auch Michael tickt ähnlich: Wenn seine Verlobte sich mit einer Freundin trifft, die sich ihm gegenüber kritisch geäußert hat, zweifelt er grundsätzlich an Tanjas Loyalität. Der Name Natascha wird von den beiden inzwischen gar nicht mehr erwähnt, diese Frau ist für Michael ein rotes Tuch. Sogar als sie ihrer Freundin zum Geburtstag gratulieren will, macht Tanja das vorsichtshalber, bevor Michael nach Hause kommt, sonst muss sie wieder Frage und Antwort stehen. Tanja soll sich seinen Wünschen und Vorstellungen fügen, nur dann kann er glauben, dass sie ihn wirklich liebt.

Hat Tanja überhaupt eine Chance, durch ihr Verhalten die Situation zu entschärfen?

Steigen Sie aus dem Ring!

Es gibt tatsächlich ein paar Glückliche, die mit Cholerikern wunderbar zurechtkommen. Entweder weil sie sich bei einer jähzornigen Attacke erfolgreich zur Wehr setzen, selbst wenn bei einer solchen Begegnung jede Menge Geschirr zu Bruch geht. Oder weil sie die Wutausbrüche auf einem Konto verbuchen, das mit ihnen persönlich nichts zu tun hat. Sie lassen sich einfach keine Angst einjagen. Gratulation zu diesem gesunden Selbstbewusstsein!

Die meisten Menschen sind nur teilweise resistent gegen wütende Angriffe. So kann ein und derselbe Mann einer cholerischen Chefin gelassen entgegentreten, soll die doch schimpfen, er weiß ja, dass er seinen Job gut erledigt. Doch kaum ist er zu Hause, zieht er die Schultern ein, weil ihm die Freundin eine Eifersuchtsszene liefert, die sich gewaschen hat.

Die Stelle, an der Choleriker uns kalt erwischen, ist schon lange vor dem Wutausbruch unser wunder Punkt gewesen. Also ein Bereich unseres Lebens, auf dem wir mit unsicheren Schritten unterwegs sind. Hier findet ein lautes, bestimmendes und aggressives Arschloch die optimale Angriffsfläche.

Zur Veranschaulichung greifen wir auf den guten alten Sigmund Freud und sein Strukturmodell der menschlichen Psyche zurück. Unser *Ich* befindet sich in einem ständigen Zwiespalt zwischen dem *Es* (unsere Triebe) und dem *Über-Ich* (unser Gewissen). Idealerweise kennen wir unsere Wünsche und bringen diese mit den Gründen, die dagegen sprechen, in Einklang. Unser *Es* hat Hunger auf Schokolade, das *Über-Ich* kennt jedoch den Kaloriengehalt. Jetzt können wir uns die Leckerei verkneifen oder gönnen, diese Entscheidung trifft das *Ich*.

Ein Choleriker versucht, das *Über-Ich* zu entern, er will uns seine eigenen strengen Regeln auferlegen und damit unser Verhalten kontrollieren. Ob ihm das gelingt, hängt davon ab, wie stark wir uns für gewöhnlich von Geboten und Verboten beeinflussen lassen. Wo ohnehin ständige Zweifel und die Angst vor Strafe uns hindern, eigene Wünsche zu erfüllen, hat der Choleriker ein leichtes Spiel.

Zu viel Theorie? Gut, dann kehren wir wieder zu Tanja zurück.

Es ist ja nicht so, dass sie Michael als eine Zumutung empfindet, im Gegenteil: Dass dieser Mann weiß, was er will, und ihr sagt, wo es langgeht, genau das schätzt sie ja an ihm, weil sie selbst oft unsicher ist. Es gibt so viele Dinge, die man falsch machen kann, und bestimmt ist sie auch viel zu unbedarft und braucht jemanden, der die Welt besser versteht als sie. Tanja hat ein ziemlich schwaches *Ich* und lässt sich gern von einem *Über-Ich* die Entscheidung abnehmen. Da muss Michael sich nicht lange bitten lassen.

Wäre Tanja eine Frau mit einem starken *Ich*, die genau weiß, was sie will und sich keine Sorgen macht, dabei auch mal einen Fehler zu begehen, dann würde sie Michaels ständig erhobenen Zeigefinger ignorieren oder sogar abstoßend finden. Doch höchstwahrscheinlich hätte sie dann niemals Michaels Interesse geweckt. Choleriker suchen sich in den seltensten Fällen Partner mit einem gesunden Selbstbild.

Was aber soll man nun anstellen, wenn man auf privater oder beruflicher Ebene einem Choleriker ausgesetzt ist und in Sachen Selbstbewusstsein über keine kugelsichere Weste verfügt? Einfach das Gewitter stoisch über sich ergehen lassen, stillhalten und schweigen?

In den Siebzigerjahren des vorigen Jahrhunderts haben Kriminalpsychologen Gewaltopfern tatsächlich einen solchen Rat erteilt: nicht wehren, nicht schreien, nicht sagen, dass man das nicht will, angeblich würde es dann weniger schlimm werden. Ein fataler Tipp, denn diese Passivität kann einen Angreifer womöglich noch animieren, es zu übertreiben. Heute rät man, bei einem Überfall so laut wie möglich um Hilfe zu schreien und mit ganzer Kraft Gegenwehr zu leisten, in manchen Fällen lässt der Täter von seinem Opfer ab und rennt davon.

Wie aber soll man sich effektiv und deutlich verteidigen? Ist es nicht viel besser, den Hitzkopf auf sein unmögliches Verhalten aufmerksam zu machen und ihm dabei zu helfen, die Angst und somit den eigentlichen Grund für seine Wut zu überwinden? Leider ist die Hoffnung darauf unrealistisch. Der Choleriker findet ja, dass er absolut angemessen handelt, und könnte eine solche Kritik an seinem Auftreten sogar als bedrohlich empfinden und erst recht explodieren.

Wie bei allen anderen Arschloch-Typen gilt hier: Sie werden diesen Störenfried nicht ändern können, aus ihm keinen Softie mit Ambitionen auf den Friedensnobelpreis machen, das müssen Sie sich leider abschminken. Aber wenn es Ihnen gelingt, sich selbst zu stärken, werden die Schläge, die der Choleriker austeilt, weniger Schaden anrichten. Ein bewährter Ansatz in der Verhaltenstherapie lautet: Geh dorthin, wo die Angst sitzt! Stellen Sie sich also Ihren vermeintlichen Schwächen.

Beobachten Sie sich selbst genau: In welchen Situationen gelingt es dem Choleriker, Sie in Angst und Schrecken zu versetzen? Wo beginnen Sie, an sich und Ihrer Kompetenz zu zweifeln? Gibt es vielleicht Dinge, die Ihnen früher ganz leichtgefallen sind – doch inzwischen haben Sie das Gefühl, ihnen nicht mehr gewachsen zu sein?

Die Sanierung des eigenen Selbstbewusstseins scheint manchmal eine Großbaustelle zu sein – und dazu darf man sich getrost professionelle Hilfe holen. Manchmal bedarf es auch nur der minimalen Korrektur eines Verhaltensmusters oder Denkfehlers, und man lässt sich nicht mehr so schnell verunsichern. Gönnen Sie sich ein gutes Training in Selbstverteidigung auf psychischer Ebene. Ob Therapie, Coaching oder im Gespräch mit Menschen, denen Sie vertrauen: Stärken Sie sich in den Bereichen, wo der Choleriker mit Vorliebe anzugreifen versucht. Lassen Sie sich nicht isolieren, sondern suchen Sie sich Unterstützung, Menschen, die Ihnen Sicherheit geben.

Und dann steigen Sie einfach mal aus dem Ring!

Wir erinnern uns: Der Choleriker neigt dazu, Ihre Autonomie einzuschränken, weil er meint, auf diese Weise eine bessere Kontrolle zu erlangen. Alles, was er nicht überschauen kann und was ihm unbekannt ist, macht ihm Angst. Am wohlsten fühlt er sich in seinem eigenen Terrain. Im Grunde will er seinen Kampfschauplatz klar umrissen fühlen.

Der Chef brüllt in seinem eigenen Büro am lautesten, Gewalt in der Beziehung findet in der vertrauten Wohnung statt. Und auch die Spielregeln legt der Wüterich fest: Wann, wie, wo und warum jemand fertiggemacht wird, bestimmt nur er.

Doch dabei machen Sie in Zukunft nicht mehr mit. Sie entziehen sich dem Angriff, indem sie auf der Stelle kehrtmachen und dadurch deutlich zu verstehen geben: »Ich stehe für eine solche Begegnung jetzt nicht zur Verfügung.« Stattdessen entscheiden Sie, wann und auf welche Art der immer noch schwelende Konflikt wieder aufs Tapet kommt. Sie ändern die Vorzeichen, unter welchen Bedingungen das Gespräch weitergeführt wird, suchen sich beispielsweise einen neutralen Ort oder erwischen den Choleriker in einem Moment, wenn er gerade nicht damit rechnet. Und dann halten Sie sich an die Regeln der gewaltfreien Kommunikation.

- Treten Sie mit einer klaren Ich-Botschaft auf.
  Tanja: »Michael, nach dieser Sache mit dem Laptop habe ich mich sehr schlecht gefühlt. Ich hatte schreckliche Angst, erneut einen Fehler zu begehen, der dich so wütend werden lässt.«
- Zeigen Sie Verständnis für das eigentliche Anliegen, das den Choleriker in Rage versetzt hat.
  Tanja: »Dass ich die Speicherkarte aus Unachtsamkeit in die falsche Öffnung gesteckt habe und dadurch ein Schaden entstanden ist, tut mir leid.«

- Machen Sie deutlich, dass Sie nichts getan haben, um dem anderen zu schaden.

Tanja: »In Computersachen bin ich einfach etwas unbegabt und verunsichert. Das ist nicht so mein Ding. Es ist mir wichtig, dass du weißt, ich habe es nicht mit Absicht getan oder weil ich dein Eigentum nicht genügend wertschätze.«

- Machen Sie einen Vorschlag, wie sich das Ärgernis aus dem Weg räumen lässt.

Tanja: »Ich werde das Gerät morgen zum Fachmann bringen und den Schaden beheben. Danach kaufe ich mir lieber einen eigenen Laptop, damit das nicht noch mal passiert.«

- Drücken Sie aus, welche Reaktion Sie für angemessener halten würden.

Tanja: »Ich bin eine erwachsene Frau, die Verantwortung übernimmt und ihr Bestes gibt. Wenn mir ein Fehler unterläuft, möchte ich dafür nicht bestraft oder beschimpft werden, als wäre ich ein unartiges Kind. Ich wünsche mir in Zukunft eine offene und respektvolle Auseinandersetzung, bei der wir gemeinsam besprechen können, wo der Schuh drückt.«

- Verdeutlichen Sie, dass Sie an der Aufrechterhaltung der Beziehung zum anderen interessiert sind.

Tanja: »Du bist der Mann, den ich liebe und heiraten möchte. Es ist mir wichtig, dass wir beide uns ohne Angst begegnen können, auch wenn einer mal einen Fehler gemacht hat.«

Ob Michael sich dadurch ändert, ob er erkennt, dass Tanja auch ohne Drohgebärden bei ihm bleibt, wird sich eher langfristig entscheiden. Tanja jedoch ist fest entschlossen, sich keine Angst mehr einjagen zu lassen. Sie will so angenommen werden, wie sie ist, mit ihren Stärken und Schwächen. Wenn Michael das gelingt, haben sie als Paar eine Chance. Wenn nicht, muss Tanja sich überlegen: Soll ich mir eine solche Beziehung wirklich zumuten? Bin ich wirklich stark genug, seine Ausbrüche über mich ergehen zu lassen, ohne dadurch Schaden zu nehmen? Werde ich mir dann nicht eines Tages ein solch dickes Fell angeeignet haben, dass ich gar nichts mehr fühle?

Ein Choleriker mag den lieben langen Tag brüllen und toben; wenn Sie sich nicht länger angesprochen fühlen, bleiben die Vorwürfe wirkungslos. Stellen Sie sich notfalls vor, das ist bloß Hulk, dieses große grüne Monster, dumm und tölpelhaft, aber es ist nicht länger Ihr Nervenkostüm, auf dem herumgetrampelt wird. Sobald diese unheimliche Verwandlung zu Ende ist, steht da ein kleiner, blasser, völlig verängstigter Mensch Ihnen gegenüber, der sich viel mehr vor Ihnen fürchtet als Sie sich vor ihm.

Die Distanzlosen

Den Abstand wahren ist das Geheimnis der Kultur.

George Bernard Shaw

Es fing an mit ihrer Hand auf seinem Arm während der Messe. Daran erinnert Jörg sich noch ganz genau. Weil es so merkwürdig deplatziert wirkte.

Sie waren unterwegs von Halle sieben zu Halle drei, ein Kilometermarsch durch Menschenmengen, für den nur wenig Zeit blieb. Also war die Grundstimmung hektisch, eher angespannt, zumal der Termin in Halle drei unangenehm zu werden drohte – ein Kunde hatte sie zu einer Erfolgspräsentation eingeladen, doch genau diesen Kunden wollten sie eigentlich schon länger wegen seiner Zahlungsversäumnisse loswerden. Also Stress pur, absolut kein passender Augenblick für kollegiale Nähe. Doch plötzlich lag Katharina Webers Hand auf seinem Oberarm, als wären sie Freunde, die gerade aus lauter Lebensfreude durch die Lande zogen.

Es war kein Versehen, dazu dauerte die Berührung zu lang. Jörg hatte Zeit, ihre sorgfältig manikürten Hände zu betrachten, ihren Ehering, die unscheinbaren Altersflecken auf der Haut. Alles lag ganz nah an seinem Gesicht. Er konnte sich noch erinnern, dass er zwischen Halle fünf und Halle vier sogar überlegte, ob sie ihn wohl anbaggern wollte. Aber das war eigentlich unvorstellbar. Hatte er aus Versehen falsche Signale ausgesandt?

Seit Beginn des Monats teilten sie sich ein Büro, da begegnete man sich zwangsläufig fast ständig. Aber Jörg war sich keiner Schuld bewusst, irgendwie und irgendwann Anlass zu übermäßigem Vertraulichkeiten geboten zu haben.

Auf der Messe sind noch ein, zwei Vorkommnisse dieser Art passiert. Beim Abendessen war Katharina Wagner ihm eine Spur zu nah gerückt und hatte sich das gleiche Essen bestellt wie er. Ach ja, und während der Heimreise im Zug hatte sie ihm Dinge aus ihrem Privatleben erzählt, die er eigentlich gar nicht wissen wollte, über ihren Hausbau, die Kinder und die Sorge, wie mit der pflegebedürftigen Mutter umzugehen sei. »Haben Sie einen Tipp für mich, Herr Förster?« – »Kennen Sie diese Probleme auch bei sich zu Hause?« Er war trotzdem wortkarg geblieben und hatte sich die ganze Zeit gefragt: Was soll das Theater? Was verspricht sie sich davon?

In der Firmenhierarchie steht sie über ihm, ist länger dabei, hat ein Wörtchen mitzureden, wenn es darum geht, seine befristete Stelle in einen festen Job umzuwandeln. Er muss sich also gut mit ihr stellen. Nutzt sie das aus?

Jörgs Freundin Nina lacht sich darüber kaputt. Ein Büroflirt mit der fünfzehn Jahre älteren Kollegin, wie romantisch! Aber Jörg ist ganz und gar nicht nach Lachen zumute. Er hofft nur, dass der Spuk nach der Messe vorbei ist.

»Herzlichen Glückwunsch zum Geburtstag!«, begrüßt Katharina Wagner ihn am nächsten Montag. Hat er ihr jemals dieses Datum verraten? Sie grinst von einem Ohr zum anderen, als sie ihm ein Geschenk überreicht. »Selbst gemacht!« Ein Bilderrahmen, darin ein Foto von der Messe, aufgenommen am Abend im Restaurant. Da sind eine Menge Leute aus der Firma zu sehen, aber in der Mitte stehen Katharina Wagner und er und prosten mit ihren Rotweinglä- sern Richtung Fotograf. Wenn man das Bild sieht, könnte man mei- nen, sie seien die dicksten Freunde der Welt.

Jörg bedankt sich höflich und stellt den Rahmen neben den Blu- menstrauß, den sie ihm wohl auch auf den Schreibtisch gestellt hat.

»Und? Was hat Nina dir geschenkt?«, fragt die Kollegin nun unver- schämt neugierig. Seit wann waren sie beim vertraulichen Du? Über- haupt, woher kennt sie eigentlich den Namen seiner Freundin? »Wir müssen unbedingt mal was zu viert unternehmen, nach Feierabend. Mein Mann ist schon ganz gespannt, mit wem ich so den Tag ver- bringe.«

Den Rest des Tages hat Jörg ein flaues Gefühl im Bauch. Und bei jedem Blick, den sie ihm über die Schreibtische zuwirft, zuckt er zu- sammen.

Ist sie etwa einsam? Aber sie hat doch einen Mann, Kinder, be- stimmt auch Nachbarn, Freunde. Katharina Wagner ist schließlich eine gesellige Person. Gäbe es in der Firma eine Wahl zur beliebtesten Mitarbeiterin, Katharina Wagner hätte die besten Chancen. Und ist es nicht viel besser, eine freundliche Kollegin an der Seite zu wissen als irgendeinen Stinkstiefel?

Wahrscheinlich liegt es an ihm selbst. Bestimmt sogar.

Nina sagt ihm oft, er solle nicht immer so dichtmachen, wenn es um Gefühle geht. Ja, das ist vielleicht sein Problem, dass er sich nicht so gern auf die Pelle rücken lässt. Oder zumindest ein Wörtchen mitreden will, wie nah man ihm wann kommen darf. Ist das zu viel verlangt?

Wenn Katharina Wagner so weitermacht, denkt er, mein Gott, wie soll er das bloß aushalten? Je weiter sie die Grenzen überschreitet, desto kleiner fühlt er sich.

Wer ist eigentlich das Arschloch?

Können Sie aus dem Stegreif beurteilen, wer hier das Arschloch ist und wer wem auf den Nerven herumtrampelt? Ist es der unnahbare Jörg, der sich permanent weigert, im Büro auch mal ein bisschen persönlich zu werden und die engagierte Kollegin dermaßen auflaufen lässt? Oder nehmen wir Katharina ins Visier, die den offensichtlichen Wink mit dem Zaunpfahl ignoriert und dem armen Untergebenen ständig zu dicht auf die Pelle rückt?

> ### Distanzlose
> - auch bekannt als Auf-die-Pelle-Rücker, Grabscher, Sexisten, Pseudokumpel.
> - wirken auf den ersten Blick oft kommunikativ, jovial, interessiert, sympathisch.

Es kommt wahrscheinlich auf den Blickwinkel an, wen wir in diesem Fall als Verursacher und wen als Leidtragenden sehen, jedoch verrät die Überschrift bereits: Wir beschäftigen uns in diesem Kapitel mit den Distanzlosen, also den Nachbarn, Kollegen, Freunden und Bekannten, die anscheinend nicht erkennen, wann sie es mit Vertraulichkeiten übertreiben – und einen somit in die Zwangslage bringen, die ungewollte Nähe entweder zu ertragen oder zurückzuweisen. Beides macht überhaupt keinen Spaß!

Den meisten ist dieses Problem in einer seiner massivsten Formen bekannt: der sexuellen Belästigung. Ein ständig grapschender Chef, der anschließend behauptet, die Berührungen seien rein freundschaftlicher Natur gewesen, weil er sich um ein gutes Verhältnis zu seinen Angestellten bemühe. Ein solches Ärgernis kann auch rein verbaler Natur sein, wenn beispielsweise dauernd schlüpfrige Kommentare vom Stapel gelassen werden, selbst wenn diese als Komplimente getarnt sind: »Schöne neue Bluse, Frau Kollegin – besonders die beiden geöffneten Knöpfe ganz oben!«

Die schlimmste Empfindung, die ein solches Ausgeliefertsein an einen Distanzlosen mit sich bringt, sind Selbstzweifel: Habe ich falsche Signale ausgesandt? Bin ich einfach zu verkrampft? Oder bilde ich mir die Aufdringlichkeit vielleicht sogar nur ein und werde letzten Endes ausgelacht, weil ich jemanden bezichtigt habe, übergriffig geworden zu sein?

Darüber hinaus spielt auch die Angst eine große Rolle: Was passiert, wenn ich nicht mehr mitmache? Denn oft finden Grenzüberschreitungen dieser Art in einem Abhängigkeitsverhältnis statt: Der Lehrer legt der Schülerin die Hand auf die Schulter, als er ihre schlechte Note in der Klassenarbeit erklärt – kann sie diese einfach abschütteln? Oder um wieder zur aufdringlichen Katharina zurückzukehren: Wird Jörgs Arbeitsvertrag auch dann verlängert, wenn er ihr das so liebevoll eingerahmte Foto postwendend zurückgibt und sich solche Vertraulichkeiten in Zukunft unmissverständlich verbittet?

Es ist wie ein Tanz, bei dem einer die Führung übernommen hat: Setzt er einen Fuß nach vorn, weicht der andere zwangsläufig zurück, doch in dieselbe Richtung gehen die beiden so gut wie nie, und bei einem verursacht das Ganze schmerzhafte Blasen.

Komm mir bloß nicht zu nah!

Was *zu nah* ist, legt ein ungeschriebenes Gesetz fest, das sich je nach Kultur unterscheidet. Wissenschaftler, die dies beobachten und erforschen, nennt man Proxemiker; die Lehre vom richtigen Abstand zueinander beinhaltet sowohl psychologische als auch kommunikationswissenschaftliche Aspekte.

Für uns Mitteleuropäer haben sich folgende, als angemessen wahrgenommene Entfernungen zum Mitmenschen herauskristallisiert:

Öffentliche Distanz: 360 Zentimeter

Wenn wir uns frei in der Öffentlichkeit bewegen (also nicht in einer stark bevölkerten Umgebung wie z.B. Fußgängerzonen unterwegs sind), suchen wir uns automatisch einen Abstandsradius von mindestens dreieinhalb Metern. Jeder, der hier ohne äußeren Einfluss einen Schritt auf uns zumacht, erregt unsere Aufmerksamkeit, und wir nehmen seine Mimik und Gestik verstärkt wahr, um schnell abzuchecken, ob er uns nur nach dem Weg fragen oder vielleicht doch einen Knüppel auf den Kopf hauen will.

Soziale Distanz: 120 bis 360 Zentimeter

Bei öffentlichen Veranstaltungen (beispielsweise bei Meetings und Bewerbungsgesprächen, aber auch beim Einkaufen oder Behördenbesuch), wo wir in direkten Kontakt zu anderen Menschen treten, die uns sonst nur wenig bekannt sind, nähert man sich dem Gegenüber auf nicht mehr als ungefähr zwei Armlängen. Alles andere wird als aufdringlich und mitunter auch bedrohlich wahrgenommen.

Persönliche Distanz: 50 bis 120 Zentimeter

Wer sich schon besser und länger kennt und auch öfter miteinander zu tun hat, der kommt sich buchstäblich näher. Kollegen, die gemeinsam an Projekten arbeiten und sich dabei über die Schulter schauen, rücken bis auf einen halben Meter zusammen. Auch gute Bekannte, mit denen wir gemeinsame Interessen haben, lassen wir schon mal dichter heran, weil wir ihnen vertrauen und keine Angst haben müssen, dass der aufgehobene Sicherheitsabstand für einen Angriff auf unsere Privatsphäre genutzt wird.

Intime Distanz: weniger als 50 Zentimeter

So nah lassen wir nur Menschen heran, mit denen wir bestens vertraut sind: Partner, Familienangehörige, gute Freunde. Sie haben die Erlaubnis, auf Tuchfühlung zu gehen, weil wir mit ihnen auch persönliche Angelegenheiten bereden, die nicht für andere Ohren bestimmt sind. Sollte jemand, den wir nur flüchtig kennen, uns dermaßen nah kommen, empfinden wir das zu Recht als unerträglich und ergreifen die Flucht.[21]

Natürlich hat keiner von uns immer ein Maßband in der Tasche, um die Zentimeter zwischen sich und den anderen exakt zu vermessen. Doch wenn Sie das Gefühl haben, dass Ihnen jemand permanent näher kommt, als es angemessen wäre, dann versuchen Sie, den üblichen Abstand von Ihnen zum vermeintlich Distanzlosen grob abzuschätzen. Stellen Sie fest, dass oft und über einen längeren Zeitraum hinweg eindeutig zu wenig Raum zwischen Ihnen bleibt, dann liegt wirklich eine Grenzüberschreitung vor, und Sie haben berechtigten Grund, sich unwohl zu fühlen.

Berührungen, die Wahl der Gesprächsthemen und die Mimik unterliegen ähnlich unbewussten Regeln. Eine Hand auf dem Arm kann zu viel sein, die Fragen nach rein persönlichen Dingen brauchen nicht beantwortet zu werden, und wenn der Blick in die Augen einfach zu lang und intensiv wird, gehört sich das ebenfalls nicht.

Denn diese Handlung zwingt dem Gegenüber eine Reaktion auf, die unangenehm ist. Entweder muss ich mich klaglos anfassen, befragen und begutachten lassen oder den »Bedränger« durch ein klares Wort in seine Schranken verweisen – was von diesem als ganz persönlich gemeinte Ablehnung aufgefasst werden kann.

Was für ein Drama!

Menschen, die sich wie Arschlöcher verhalten, weil sie anderen derart auf die Pelle rücken, dass diese sich notfalls mit Händen und Füßen wehren müssen, haben ein gewaltiges Problem: Sie fühlen sich in ihrer Rolle überfordert. Das ganze Getue, mit dem sie Nähe und Freundschaft heraufbeschwören wollen, wo eigentlich gar keine ist, basiert auf einer elementaren Unsicherheit. Natürlich ist ihnen das nicht bewusst, im Gegenteil, sie glauben vielmehr, in ihrer Position besonders gut aufgehoben zu sein, schließlich sind sie ja mit jedem per Du. In Wirklichkeit nutzen sie die Pseudoverbundenheit wie eine Brücke zu anderen Menschen, die über einen tiefen Graben der Beklommenheit führt. Niemand darf merken, dass zwischen dem äußeren Auftreten und der inneren Gemütslage eine breite Lücke klafft.

Damit sie ihr Selbstbild aufrechterhalten können, flüchten sie in eine Art festgelegtes Rollenspiel, bei dem sie sich für eine Hauptrolle entscheiden, in der sie etabliert sind. Und die anderen müssen dann zwangsläufig den sich daraus ergebenden Gegenpart übernehmen.

Katharina beispielsweise ist im Grunde mit ihrer Situation überfordert, sie hat die leitende Position in der Firma und zudem zu Hause eine Familie mit den üblichen Problemen zu managen. Da sie sich als Ehefrau und Mutter sicher fühlt – immerhin hat sie diese konservative Frauenrolle in ihrem eigenen Elternhaus kennengelernt und übernommen – greift sie im Umgang mit ihrem jüngeren Kollegen ebenfalls auf diese Rolle zurück. Sie verhält sich ihm gegenüber wie eine Mutter, beredet mit ihm persönliche Dinge, nimmt ihn im Menschengedränge an die Hand, beschenkt ihn und gibt ihm zu verstehen, dass sie ihn mag. Sie tut dies, weil sie sich beim besten Willen nicht vorstellen kann, dass ein Mann wie Jörg – jung, gut ausgebildet und ehrgeizig – sie jemals als Vorgesetzte akzeptieren könnte. Das gelingt ihr ja schließlich selbst nicht mal ansatzweise.

Dass sie den ihr unterstellten Kollegen damit automatisch auf die Rolle des Sohnes reduziert, ist ihr nicht klar. Bei Katharina wirkt ein unbewusstes Muster: Wenn er merkt, was für eine tolle Mutter ich bin, dann kommen wir gut miteinander zurecht.

Diese erzwungenen Rollenspiele funktionieren auch in anderen Bereichen: Der Chef, der sich für einen attraktiven Mann hält, reduziert die Mitarbeiterin auf ihre weiblichen Reize, damit nicht auffällt, welche Schwierigkeiten er damit hat, Frauen auf Augenhöhe zu begegnen.

Der Kulturveranstalter, der viel Anerkennung im Vereinsleben erfahren hat, beschwört eine Kumpanei zum berühmten Musiker herauf, damit keiner merkt, wie unsicher er sich im Umgang mit Leuten fühlt, die auf diesem Gebiet erfolgreicher sind als er.

Immer funktioniert es nach demselben Konzept: Ich gebe vor, was hier gespielt wird, damit keiner merkt, dass ich die eigentlichen Spielregeln nicht beherrsche – und die anderen müssen sich entsprechend fügen. Sollte sich jemand gegen die ihnen auferlegte Rolle wehren, wird er zu einer unbekannten Größe, der ich möglicherweise nicht gewachsen bin. Dann kommt vielleicht heraus, dass ich in meiner jetzigen Position eine glatte Fehlbesetzung bin.

Diese Befürchtung muss keinesfalls berechtigt sein, es ist gut möglich, dass Katharina einen richtig guten Job macht und das ganze Theater überhaupt nicht nötig hat. Leider verbaut sie sich selbst die Gelegenheit, dies herauszufinden, weil sie sicherheitshalber ihre beruflichen Qualitäten hinter der etablierten Supermutterrolle versteckt, sich dessen aber nicht bewusst ist.

Kann und darf man so jemanden eigentlich kritisieren? Ja, natürlich, jedoch macht hier natürlich wie so oft der Ton die Musik. Zum Frontalangriff bieten sich ja zum Glück einige Alternativen …

Stillhalten oder davonrennen?

Jörg kann einem wirklich leidtun: Tag für Tag ist er der Penetranz dieser Frau ausgeliefert und sucht die Schuld auch noch bei sich selbst. Schließlich scheinen die anderen alle ganz wunderbar mit Katharinas Art zurechtzukommen. Warum fällt es ausgerechnet ihm so schwer, ein bisschen mehr Nähe zuzulassen? Immerhin geht es um die gute Stimmung im Büro und eventuell auch um seine Festanstellung. Und sie wird schon nicht beißen …

Tatsächlich sind Menschen, die ihre eigenen Grenzen nicht eindeutig benennen können, besonders empfindlich, wenn sie von Distanzlosen in die Enge getrieben werden. Wer ohnehin Probleme damit hat, anderen zu begegnen, ist froh, dass diese zwischenmenschlichen Interaktionen sich durch kulturelle Normen von selbst regulieren – und reagiert fassungslos, wenn diese Regeln gebrochen werden.

In ihrer Hilflosigkeit wissen Menschen wie Jörg sich nicht anders zu helfen, als den Rückzug anzutreten: Wenn ich immer ausweiche, auf keine der Zudringlichkeiten eingehe, mich einsilbig und desinteressiert zeige, dann muss sie doch irgendwann begreifen, dass ich nichts von ihr wissen will!

Passiver Widerstand kann jedoch leider genau das Gegenteil provozieren: Der Distanzlose empfindet diese Nichtreaktion nur selten als Aufforderung, sich zurückzuziehen, sondern wird sich noch viel mehr anstrengen, endlich »das Eis zu brechen«.

> »Wenn eine Person zu nahe kommt, folgt prompt und automatisch die Reaktion – die andere Person weicht zurück. Und wenn das Gegenüber nachrückt, weichen wir wieder weiter zurück. Ich habe (US-)Amerikaner vor Ausländern, die sie als zu aufdringlich wahrnehmen, die gesamte Länge eines Korridors zurückweichen sehen.« (Edward T. Hall, Begründer der Wissenschaft von der interkulturellen Kommunikation)

Ständiger Rückzug kann das Leben mit einem Distanzlosen also durchaus weiter verkomplizieren. Irgendwann steht man dann sprichwörtlich mit dem Rücken an der Wand und muss sich mit anderen Mitteln verteidigen.

Doch die Sache klipp und klar beim Namen zu nennen, geht auch schlecht: »Katharina, deine privaten Geschichten interessieren mich nicht die Bohne, und ich habe keine Lust, mich mit dir außerhalb der Arbeitszeit zu treffen, deine Annäherungsversuche verursachen bei mir Übelkeit!« Nein, das wäre zu hart, und höchstwahrscheinlich würde sich Jörg danach keineswegs besser fühlen – aber vielleicht seinen Job los sein.

Eine unmissverständliche Abfuhr wäre die schlimmste Kränkung für den Distanzlosen. Es wäre eine schonungslose Kritik an der Rolle, die bislang als Erfolgsrezept herhalten musste, und würde vermutlich niemandem etwas Gutes bringen.

Achtung, jetzt komme ich!

Es gibt aber doch eine Lösung, die zwischen dem Stillhalten und Davonrennen liegt: der Schritt auf den anderen zu! Die Grenze, die sich stets als luftleerer Raum zwischen den beiden befand, wird plötzlich von Jörgs Seite aus durchbrochen, indem er den Mut fasst, aus seinem bisherigen Verhalten auszubrechen. Er legt die Rolle ab, die Katharina ihm auferlegt hat, er ist kein Junge mehr, den sie zum Ausleben ihrer Mutterallüren braucht, sondern ein erwachsener Mann, der nicht mehr mitspielen will.

Dazu muss er sich selbst und seine Empfindungen erst einmal akzeptieren: Ich will hier nicht länger bemuttert werden, und das ist mein gutes Recht. Wen ich duze und bei wem ich das höfliche Sie für angebrachter halte, entscheide noch immer ich selbst, genau wie die Wahl der Bilder auf meinem Schreibtisch. Es ist mein Entschluss, welche Menschen ich wie nah an mich heranlasse – und Katharina Wagner ist jemand, der es bestenfalls auf einen Meter Abstand schaffen soll, denn alles andere fühlt sich für mich unpassend an und ist somit verkehrt. Schluss mit dem schlechten Gewissen, mit den Selbstvorwürfen und den Zweifeln, ob er vielleicht falsche Signale ausgesandt hat! Er definiert sein höchstpersönliches Bedürfnis nach Nähe und Distanz und darf reinen Gewissens darauf bestehen.

Dies ist der erste wesentliche Schritt in eine neue Richtung, scheinbar leicht zu bewältigen, in Wirklichkeit aber bereits ein großes Stück Arbeit – vor allem wenn man es bislang vermieden hat, die eigenen Grenzen zu ergründen.

Doch der zweite Schritt wird doppelt schwer: Ich mache dem Distanzlosen keinen Vorwurf! Auch wenn ich noch so geladen bin, weil ich mich durch diese aufgezwungene Nähe in eine Ecke gedrängt fühle, verzichte ich darauf, jetzt meinerseits wie ein

Arschloch zu agieren und den anderen kleinzumachen. Weil ich weiß, dass dieser Mensch seine guten Gründe für sein Verhalten hat, sich vermutlich aber so winzig fühlt, dass man sein Selbstbewusstsein mit der Lupe suchen müsste. Ich mache das Gegenteil: Ich schenke meinem Gegenüber das, wonach es sich am meisten sehnt: meine Achtung!

Überlegen Sie, welche Eigenschaften Sie am anderen sehr wohl schätzen und worauf sie nur ungern verzichten wollen. Ist es das Organisationstalent, der Humor, die Menschlichkeit? Bestimmt wird sich die eine oder andere Eigenschaft finden, sobald Sie das Problem mit der Distanzlosigkeit für einen Moment außer Acht lassen. Jörg zum Beispiel empfindet es als sehr hilfreich, dass Katharina aufgrund ihrer langjährigen Erfahrung sowohl in der Firma als auch im Leben über ein unverzichtbares Know-how im Umgang mit schwierigen Kunden verfügt. Er ist froh, wenn sie in brenzligen Situationen eine gewisse Gelassenheit ausstrahlt und ihm damit die Nervosität nimmt. Und das sagt er ihr auch von Zeit zu Zeit und eher nebenbei, weil er eben kein Typ für klare Aussprachen ist. Da fällt es ihm auch viel leichter, seine Kollegin in ihre Schranken zu verweisen, wenn sie es mal wieder übertreibt mit ihrer Zuwendung: »Katharina, sei mir nicht böse, aber das Bild auf dem Schreibtisch ist einfach nicht so mein Ding. Der Rahmen ist schön, was hältst du davon, wenn wir ihn auf den Aktenschrank stellen und regelmäßig ein Porträt von dem Kunden hineintun, der uns im vergangenen Monat am meisten Nerven gekostet hat?«

Positiver Nebeneffekt: Wenn man es schafft, sein berechtigtes Anliegen vorzutragen, ohne den Distanzlosen dabei zu entwerten oder zu verletzen, muss man mit relativ wenig Widerspruch oder Protest rechnen. Gelingt es dann noch, den anderen davon zu überzeugen, dass man ihn wertschätzt und auf eine positive Entwicklung des Miteinanders hofft, hat man ihm sozusagen den Weg geebnet, sich angenommen zu wissen und die klaren Worte richtig aufzufassen.

Diese Methode der Richtungsänderung auf den Distanzlosen zu – die ja auch so etwas wie ein kleiner Überraschungsangriff ist – funktioniert bei den meisten Menschen, die einem bislang eine erhebliche Spur zu nahe gekommen sind. Doch natürlich gibt es auch die harten Fälle, die selbst mit Einfühlungsvermögen und Selbsterkenntnis nicht aus der Welt zu schaffen sind. Gemeint sind insbesondere Übergriffe sexueller Art. Zwar hat man es auch bei Grapschern und verbalen Ferkeln mit Arschlöchern zu tun, die im Grunde genommen arm dran sind und an sich selbst zweifeln. Doch diese Grenzüberschreitung geht eindeutig in Richtung eines Straftatbestands, und man sollte – wenn ein klärendes Gespräch nichts bringt – den offiziellen Beschwerdeweg über den nächst höheren Vorgesetzten, eine entsprechende Beratungsstelle oder den juristischen Beistand einschlagen.

Die Lügner

Die Strafe des Lügners ist nicht,
dass ihm niemand mehr glaubt,
sondern dass er selbst niemandem
mehr glauben kann.

George Bernard Shaw

An dem Tag als die Verwaltungschefin des Kinderkrankenhauses anruft und peinlich berührt fragt, ob eventuell etwas bei der Überweisung schiefgelaufen sein könnte, bleibt Claudia völlig gelassen.
»Welches Geld?«

»Von der Benefizveranstaltung im März. Da hat in der Zeitung gestanden, dass der Verein beim Frühlingsfest knapp zweitausend Euro eingenommen hätte und die Summe für den Umbau unseres Spielzimmers zur Verfügung gestellt würde.«

»Und das ist noch nicht da? Keine Sorge, dabei handelt es sich bestimmt nur um ein Missverständnis, ich kümmere mich darum.« Seit einiger Zeit ist Claudia Kassenwartin beim Förderverein. Gemeinsam mit ihr unterstützen viele tolle Leute diese wichtige Arbeit, für jeden Einzelnen von ihnen würde Claudia ihre Hand ins Feuer legen. Doch die Bewegungen auf dem Vereinskonto, die sie direkt nach dem Telefonat kontrolliert, lassen sie stutzen: Seit Anfang des Jahres ist außer den Beiträgen der rund dreißig Mitglieder kein Cent ein- oder ausgegangen.

Claudia greift zum Hörer und ruft Dieter an. Wenn einer weiß, wo das Geld geblieben ist, dann er. Zwar ist sie die offizielle Kassenwartin, doch Dieter als erster Vorsitzender wickelt die Abrechnungen der Benefizveranstaltungen in Eigenregie ab, nicht nur die des Frühlingsfestes, sondern auch der Maikonzerte und des Sommerflohmarkts. Wenn Claudia sich nicht gewaltig täuscht, geht es allein in diesem Jahr um fünftausend Euro, die ausschließlich für die Ausstattung der Kinderstation verwendet werden dürfen.

»Was kann ich für dich tun, schöne Frau?« Dieter scheint bester Laune zu sein. Das ist er meistens, und damit kriegt er die Leute um sich herum auch immer wieder ins Boot. Keiner kann so spannende Geschichten erzählen wie Dieter, meine Güte, wen er alles kennt und was er alles schon erlebt hat! Einem Kerl wie ihm kann man alles zumuten, denkt Claudia, und schneidet das Thema mit den vermissten Spendengeldern an. Natürlich hat Dieter dafür eine plausible Erklärung: »Da ist noch immer eine abschließende Rechnung fällig über die Bereitstellung der Festzeltgarnitur. Vorher kann ich nicht klar Schiff machen. Ich bin den faulen Säcken schon mehrmals auf

die Füße getreten, aber in der Firma scheint wirklich keiner eine Ah-
nung vom Geschäft zu haben!«

»Es fehlt aber noch mehr. Was ist zum Beispiel mit dem Sommer-
flohmarkt? Wenn wir keine saubere Abrechnung liefern, bekommen
wir Probleme mit dem Finanzamt.«

»Das habe ich abgerechnet und den Reinerlös in einem Um-
schlag bei dir in den Briefkasten geworfen, weil du nicht zu Hause
warst.«

»Wann soll das denn gewesen sein?«

»Keine Ahnung, direkt nach dem Sommerflohmarkt.«

Und dann erzählt er eine wilde Geschichte, der Briefkasten müsse
aufgebrochen worden sein, anders sei das Verschwinden des Geldes
nicht zu erklären. Er hege da auch einen Verdacht, an dem Tag sei er
von einem seltsamen Typ verfolgt worden, der habe das Bein nachge-
zogen, das sei ihm aufgefallen. Bestimmt hätte der beobachtet, wie er
den Umschlag in den Briefkasten geworfen habe und sich anschlie-
ßend bedient.

Das ist ja unglaublich! »Du musst Anzeige erstatten!«, fordert
Claudia. Und Dieter verspricht, dies sofort zu tun. Trotzdem ist
Claudia plötzlich beunruhigt. Ihr kommen ein paar ähnliche Situa-
tionen in den Sinn. Wie ist das noch mal gewesen mit der unglaub-
lich hohen Getränkerechnung, die Dieter dem Verein letzten Herbst
präsentiert hat, ohne einen Gegenbeleg vom Lieferanten vorzuzei-
gen? Und dann spricht er gegenüber den Zeitungen stets von über
dreihundert Mitgliedern, die sich in seinem Verein engagieren –
zehnmal mehr als in Wirklichkeit, einfach maßlos übertrieben, da
haben Claudia und die anderen im Vorstand sich mitunter für ihn
geschämt.

Aber nie etwas dazu gesagt. Warum nicht? Weil es irgendwie pein-
lich ist. Weil man dem Verein nicht unnötig schaden will. Weil doch
alle irgendwie an einem Strang ziehen für die gute Sache.

Claudia wartet eine Woche ab, bis sie sich wieder bei Dieter meldet.

»Alles klar, die Anzeige läuft. So wie es aussieht, sind in der betref-
fenden Zeit bei dir in der Gegend mehrere solcher Diebstähle began-
gen worden.«

»Und warum hat sich die Polizei noch nicht bei mir gemeldet? Im-
merhin geht es um meinen Briefkasten.«

»Das kommt bestimmt noch!«

Doch es schaut kein einziger Polizist vorbei. Ein Anruf bei der
Dienststelle macht es offensichtlich: Es liegt keine Meldung vor, eine
Anzeige schon gar nicht, und von einer Einbruchserie in Claudias
Nachbarschaft hat auch noch niemand etwas gehört. Claudia ver-
liert fast den Glauben an die Welt und ruft bei der Zeltverleihfirma
an, auf deren Rechnung Dieter angeblich noch immer wartet. Dort
ist man erstaunt: Das sei natürlich eine Spende gewesen, der Vorsit-
zende habe das jedoch auch nach mehrmaligem Nachfragen noch
immer nicht quittiert.

Jetzt führt einfach kein Weg mehr an der Wahrheit vorbei: Dieter
veruntreut Vereinsgelder! Ein Schock für Claudia und ihre Mitstrei-
ter. Warum er das macht und weshalb er dann auch noch so fantas-
tische Lügengeschichten von einer finsteren Gestalt mit Hinkebein
aus dem Hut zaubert, will keinem von ihnen in den Kopf. Dieter hat
doch angeblich eine gut laufende Werbeagentur, zehn Angestellte, di-
cke Auftragsbücher, bombige Umsatzzahlen.

Oder ist das etwa auch alles … erstunken und erlogen?

Alles Lüge

Es gibt zahlreiche Ausdrücke dafür, wenn jemand die Unwahrheit
sagt: schwindeln, schummeln, flunkern, mogeln, verschaukeln,
bluffen … Alles irgendwie halb so wild. Erst wenn man richtig an-
gelogen wird, hört der Spaß auf.

Lügner

- auch bekannt als Heuchler, Pharisäer, Betrüger, Aufschneider, Scharlatane.
- wirken auf den ersten Blick oft kompetent, mutig, interessant.

Dieter hat nicht einfach nur ein paar dumme Streiche gespielt, nein, er hat seine Vereinskollegen und eine Menge Spender regelrecht betrogen und zum Vertuschen dieser Dreistigkeit auch noch handfeste Lügengeschichten aufgefahren. Viele Menschen haben auf ihn gezählt, und er nutzte dieses Vertrauen schamlos aus. Der Schaden, den er damit angerichtet hat, geht weit über die Vereinsgelder hinaus, aber das ist Dieter wahrscheinlich gar nicht bewusst. Und wenn doch, so kratzt es ihn herzlich wenig. Weil er auf diesem Gebiet kein Unrechtsbewusstsein besitzt.

Jeder halbwegs zivilisierte Mensch hat eigentlich schon in der Kindheit gelernt, dass man ehrlich sein sollte. Im Umkehrschluss gehen wir auch davon aus, dass uns die Wahrheit erzählt wird. Wir befolgen dieses ungeschriebene Gesetz und schaffen so eine Basis des Vertrauens, auf der das Zusammenleben funktionieren kann. Wenn Sie einen Kaffee getrunken haben und erst danach feststellen, dass Sie Ihr Portemonnaie vergessen haben, wird Ihnen in den allermeisten Fällen der Kellner glauben, dass Sie später mit dem Geld vorbeikommen. So etwas passiert immer wieder, und der Gastronom muss anscheinend positive Erfahrungen gemacht haben, sonst wäre er nicht so vertrauensvoll. Das wissen Sie zu schätzen und begleichen die offene Rechnung so bald wie möglich. Wir handeln nach dem Motto: Ich bin ehrlich, also werden mir die Menschen ebenfalls in Ehrlichkeit begegnen.

Gut, manchmal beschönigen oder verschweigen wir etwas, manchmal nutzen wir eine kleine Notlüge, um uns Unannehmlichkeiten zu ersparen oder diplomatisch zu sein. Dann sagen wir unserer Tante, dass wir ihre Hollywoodschaukel ganz schick finden, auch wenn diese lila-orange kariert ist. Egal, es kommt nicht darauf an, und es bewahrt uns davor, die herzensgute Verwandte wegen geschmackloser Gartenmöbel zu kränken. Oder wir behaupten, im Stau gesteckt zu haben, obwohl die Verspätung eigentlich darauf zurückzuführen ist, dass wir unsere Lieblingssendung im Fernsehen noch zu Ende sehen wollten. Ist das etwa tragisch?

Tatsächlich gehören diese kleinen Lügen inzwischen zum guten Ton. Wer unbedingt und immer bei der Wahrheit bleibt, hat ganz schnell seinen Freundeskreis reduziert.[22]

Es gibt sogar Lügen, die es in den Olymp der gesprochenen Sätze geschafft haben und zu berühmten Zitaten geworden sind:

»Niemand hat die Absicht, eine Mauer zu errichten«, sagte der DDR-Mitgestalter Walter Ulbricht am 15. Juni 1961 – und sorgte wenig später dafür, dass am 13. August Berlin durch Stahl und Beton getrennt wurde.

Oder Bill Clinton: »I did not have sexual relations with that woman, Miss Lewinsky.«

Und Uwe Barschel: »Ich gebe Ihnen mein Ehrenwort – dass die gegen mich erhobenen Vorwürfe haltlos sind.«

Einige brillante Lügner sind zu Helden der Literatur geworden, Münchhausens Erinnerungen amüsieren und Pinocchio ist irgendwie ziemlich sympathisch, selbst wenn ihm seine wachsende Nase das Lügen enorm erschwert.

Obwohl wir an Werte wie Vertrauen und Ehrlichkeit glauben, sind wir ständig von Lügen umgeben, aber das macht uns im Grunde nicht viel aus. Kommunikationsforscher schwanken in ihren Schätzungen, ob wir nun durchschnittlich zwei- oder zweihundertmal[23] täglich die Unwahrheit sagen. Fest steht: Wir tun es, und zwar andauernd.

Es macht allerdings einen großen Unterschied, aus welchem Grund wir lügen.

Das darf doch nicht wahr sein!

Sie haben es sich wahrscheinlich schon gedacht: Dieters Legende von der erfolgreichen Werbeagentur ist natürlich auch nur ein Fake. Tatsächlich hat er ein Verfahren wegen Insolvenzverschleppung am Hals, und statt zehn Mitarbeitern sitzt nur seine Frau im kleinen Büro und sortiert unentgeltlich die Rechnungsstapel. Wenn man es knallhart auf den Punkt bringt, ist Dieter bloß in einem richtig gut, nämlich darin, seine hochtrabenden Pläne gründlich in den Sand zu setzen. Das ständige Versagen zieht sich durch sein Leben wie ein roter Faden, schon als Kind war er als Schwätzer verschrien, auf den man sich nicht verlassen könne. Womöglich lag das ursprünglich gar nicht an ihm selbst, sondern daran, dass seine Familie von vornherein nur Ziele gesteckt hat, die eine Nummer zu groß waren. Das Scheitern war vorprogrammiert. Und wurde systematisch verdrängt.

Die Wahrheit – »Ich bin eigentlich nur ein ganz normaler Mensch mit Fehlern« – war mit dem Idealbild, das Dieter von sich selbst hatte, nicht kompatibel. Doch statt das Idealbild ein bisschen nach unten zu korrigieren, wurde lieber die Realität nach oben geschummelt.

So etwas ist unglaublich anstrengend. Haben Sie schon mal über längere Zeit mit einer Lüge gelebt? Es erfordert enorme Konzentration, denn die Lüge muss sich ja in der Realität bewähren, in sich stimmig bleiben und bei Bedarf noch erweiterbar sein. Da darf man nicht die Übersicht verlieren. Aus diesem Grund machen notorische Lügner auch oft einen gestressten Eindruck. Wer bewusst lügt, setzt Hormone wie Cortisol und Adrenalin frei, innerlich kocht er fast, während er äußerlich cool zu bleiben versucht. Lügner sind immer auf der Hut, damit die Sache nicht auffliegt und die ganze Welt bemerkt, dass ihr glanzvolles Dasein nichts weiter ist als ein ziemlich verworrenes Lügengeflecht.

Diese Anspannung macht sich auch auf körperlicher Ebene bemerkbar und kann mitunter entlarvend sein. Ein Mensch, der lügt:

- vermeidet den direkten Blickkontakt
- blinzelt häufiger oder hält die Lider auffällig lang geschlossen
- rollt vermehrt mit den Augen oder hat einen starren Blick
- bewegt oder verschränkt die Arme und Beine
- kratzt sich im Gesicht und/oder beleckt häufig die Lippen
- hat eine unpassende oder übertrieben wirkende Mimik
- verwendet Gesten, die nicht zu dem passen, was gesagt wird
- hat ein anderes Sprachmuster als sonst
- wiederholt Sätze oft und fast wörtlich

All diese Merkmale können in Situationen, bei denen es gezielt um die Suche nach der Wahrheit geht – beispielsweise in einer Vernehmung oder vor Gericht – neben einigen anderen Attributen darauf hinweisen, dass jemand unter enormem Druck steht, weil er gerade dabei ist, der Welt eine ordentliche Lüge aufzutischen.

Umgekehrt ist nicht jeder, der stottert oder öfter als normal blinzelt, automatisch ein zweiter Münchhausen. Doch wenn Sie einer Geschichte ohnehin schon misstrauen, sollten Sie gezielt auf diese unbewussten Signale achten.

Bei notorischen Lügnern wie Dieter einer ist, funktioniert das aber nicht so einfach. Denn diesen Menschen ist es gleichgültig, ob sie lügen oder nicht. Sie fürchten sich nicht unbedingt vor einer Strafe, sollte ihre Falschaussage herauskommen. Und gar nicht so selten glauben sie sogar selbst ihre ausgedachten Geschichten. Das macht sie gelassen.

Dieter weiß natürlich, dass er das Geld nie in den Briefkasten gesteckt hat und auch niemals der hinkenden Gestalt begegnet ist. Doch für ihn scheint die Möglichkeit, dass es genau so gewesen sein könnte, nahezu gleichwertig. Es macht für ihn kaum einen Unterschied, und da die Wahrheit – er hat das Geld für sich behalten und es inzwischen längst ausgegeben, weil er pleite ist – sich nicht mit seiner Eigenwahrnehmung als erfolgreicher, engagierter Vereinsvorsitzender verträgt, spaltet er die Realität ab und bevorzugt die Alternative, auch wenn sie nur seiner Fantasie entspringt. Damit alles noch etwas plausibler erscheint, beginnt er, diese Legende weiter auszuschmücken mit Details, die so bestechend genau sind, dass der Zuhörer sie für echt halten muss. So etwas denkt sich doch keiner aus!

Wer lediglich lügt, um sich zu schützen, tut nichts Verbotenes. Sollte er jedoch jemand anderem die Schuld in die Schuhe schieben oder sogar ein Delikt vortäuschen, dem er angeblich zum Opfer gefallen ist, kann er juristisch belangt werden: Beleidigung, üble Nachrede, Verleumdung, Vortäuschung einer Straftat, Falschaussage, Meineid – da drohen schlimmstenfalls bis zu fünf Jahren Haft. Eine Gefahr, die ein Lügner im Eifer des Gefechts völlig außer Acht lässt. Wichtiger erscheint es, dass er durch den angeblichen Überfall interessanter wird. Auch schlimme Krankheiten oder Schicksalsschläge werden gern aus dem Hut gezaubert, um sich wichtig zu machen.

Auffällig ist, dass die erfundenen Erzählungen oft besonders dramatisch, ruhmreich oder glanzvoll daherkommen, beinahe übertrieben wirken und kurz davor sind, ins Unglaubwürdige zu driften. Denn es geht dem einfallsreichen Erfinder ja vor allem darum, sich selbst in einer möglichst heldenhaften und erfolgreichen Weise darzustellen. Die Aufmerksamkeit aller wird eingefordert, und da sollte es eben auch ein bisschen lauter, bunter und fantasievoller formuliert sein als nötig.

Die Lüge ist ein notwendiges Vehikel, um die eigene Existenz aufzublähen. Wer arm ist, lügt sich vermögend. Wer erfolglos ist, erfindet eine eindrucksvolle Karriere. Wer unbeliebt ist, prahlt mit nicht existenten Liebschaften. Und weil das aufpolierte Selbstbild gut ankommt und gefällt, vielleicht neue Möglichkeiten eröffnet, die sich zuvor nicht geboten haben, glaubt der Hochstapler schließlich selbst daran.

Notorische Lügner haben keine Angst, für ihre Falschaussage bestraft zu werden. Im Gegenteil: Sie deklarieren die Behauptung kurzerhand zur Wahrheit. Doch unbewusst fürchten sie sich unsagbar davor, dass das schillernde Lügengeflecht in sich zusammenbricht und dann jeder sehen kann, wer darunter verborgen ist: ein Niemand.

Wer immer lügt, glaubt anderen nicht …

Bei diesem Arschloch-Typus haben wir es mit drei Bildern der Persönlichkeitsstörung zu tun: Der Lügner hat histrionische Anteile, was ihn dazu verleitet, dramatisch und theatralisch zu agieren und gespielte Gefühle vor die wahren Empfindungen zu stellen. Seine antisoziale Struktur sorgt dafür, dass ihm die geltenden Normen in Sachen Wahrheitsliebe nichts bedeuten, er ohne schlechtes Gewissen lügt und seinen Mitmenschen im Umkehrschluss auch kein Vertrauen schenkt.

Die Ursache dafür ist der Narzissmus. Das erhöhte Selbstbild, das sich über das grundlegende Gefühl der Wertlosigkeit schiebt, lässt ihn nicht nur wirklichkeitsferne Geschichten mit sich in der heroischen Hauptrolle erfinden, sondern verhindert auch, dass er sich in andere hineindenken kann. Er schließt von sich auf andere und ist sicher, dass alle Menschen genauso unehrlich sind wie er selbst. So begegnet er der Welt mit einem grundsätzlichen Misstrauen.

Wie bereits erwähnt: Jeder von uns lügt mehrmals am Tag. Der große Unterschied ist aber, dass die meisten ihren Schwindel zugeben, wenn sie ertappt werden. Oft unfreiwillig, wer wird schon gern beim Schummeln entlarvt? Doch nach einigem Drucksen lenken wir schließlich ein: »Ja, okay, es war ein bisschen anders, da ist wohl die Fantasie mit mir durchgegangen.«

Nicht so der notorische Lügner. Für ihn ist das Ganze so selbstverständlich und gerechtfertigt, dass er stur bei seiner Version bleibt oder diese durch neue Lügen geradezubiegen versucht. Es macht also weder Sinn, ihn zu überführen, noch ihm auf den Kopf zuzusagen, dass seine Beteuerungen hanebüchen sind.

Als Dieter auf einer außerordentlichen Mitgliederversammlung mit dem Vorwurf der Veruntreuung konfrontiert wird, bleibt Einsicht oder Reue gänzlich aus. Das Angebot, durch einen raschen Ausgleich der Konten die Sache stillschweigend zu bereinigen, kommt für ihn nicht infrage. Stattdessen droht er mit einer Verleumdungsklage. Da kann Claudia noch so viele Beweise zusammentragen, er beharrt auf seiner Ausführung, schimpft auf die Polizei, bei der anscheinend die Anzeigen der Mitbürger gleich im Papierkorb landen, wenn Arbeit damit verbunden ist. Soll Claudia jetzt etwa einen Privatdetektiv engagieren, um Dieter zu überführen? Natürlich nicht. In ihrem Fall bleibt nichts anderes übrig, als juristische Schritte einzuleiten, auch wenn die Zukunft des gemeinnützigen Vereins dadurch gefährdet ist. Nur so kommt sie weiter und muss sich nicht nachsagen lassen, den Betrug indirekt unterstützt zu haben.

Es gibt keinen Weg, einen notorischen Lügner zur Vernunft zu bringen. Dazu müsste dieser bereit sein, eine Beziehung herzustellen, die durch Vertrauen geprägt ist. Genau da hapert es aber.

Um sich konkret vor größerem Schaden zu schützen, bleibt nur die Möglichkeit, eine höhere Instanz einzuschalten, die eventuell auch Sanktionen verhängt. Dadurch wird dem Spuk ein Ende bereitet, das Arschloch wird sich aber kaum ändern. Wenn doch, dann eher in die andere Richtung: Das Misstrauen wird verstärkt und zudem die Diskrepanz zwischen Eigenwahrnehmung und Realität vergrößert. Noch größere Lügen werden benötigt, um alles auszugleichen.

Aber was, wenn man keinen unmittelbaren Schaden zu befürchten hat, es für eine Anzeige nicht reicht oder man sich schlichtweg nicht in der Lage sieht, den rechtlichen Weg zu beschreiten?

Zurück an den Absender

Je länger man sich von jemandem hat an der Nase herumführen lassen, desto schmerzvoller trifft die Erkenntnis, belogen worden zu sein. War ich echt so blauäugig? Haben womöglich alle anderen die Sache durchschaut, nur ich hatte Tomaten auf den Augen?

Menschen, die dahinterkommen, von ihrem Partner betrogen worden zu sein, finden den Seitensprung an sich manchmal weniger schlimm als die Scham darüber, dass sie der falschen Person ihr Vertrauen geschenkt haben. Haben die beiden sich bei ihren Treffen über meine Dummheit lustig gemacht? Dieser Gedanke tut weh, man fühlt sich gedemütigt und missbraucht.

Wenn man Claudia fragt, was sie an Dieters Veruntreuung am meisten gekränkt hat, antwortet sie sofort: »Die Enttäuschung!« Alle haben ihre Freizeit geopfert, um etwas für einen guten Zweck zu tun, und dann haben sie sich so täuschen lassen: Ausgerechnet der erste Vorsitzende streicht unterm Tisch die Gelder ein und begleicht damit seine Schulden. Wird Claudia jetzt überhaupt noch mal ihr Herzblut in eine gute Sache investieren, wenn Typen wie Dieter das skrupellos ausnutzen?

Es liegt an uns, wie weit wir uns durch ein solches Negativerlebnis runterziehen lassen und ob wir uns als Opfer begreifen. Denn eigentlich haben wir das nicht nötig. Das hätte jedem rechtschaffenen Menschen passieren können!

Bestenfalls gelingt es uns, den Betrug nicht persönlich zu nehmen. Alles, was notorische Lügner veranstalten, tun sie einzig und allein aus egoistischen Motiven. Sie wollen besser dastehen, als sie eigentlich sind. Wir spielen dabei nur eine Nebenrolle und brauchen uns keine Vorwürfe zu machen.

Gut, wenn man jetzt auf Distanz gehen kann, dann heilt die Verletzung mit der Zeit. Aus den Augen, aus dem Sinn – selbst wenn man um Geld oder andere materielle Dinge betrogen worden ist. Es dauert nicht lange, und man fasst wieder Vertrauen, erkennt, dass nicht nur Gauner auf den Straßen unterwegs sind. Und wenn man in Zukunft etwas kritischer hinschaut und -hört, ist es ja nicht unbedingt schlecht.

Aber was, wenn es kein Entweichen gibt? Wenn der Lügner einem regelmäßig begegnet, weil er ein Familienmitglied ist, in derselben Firma arbeitet oder im Haus nebenan wohnt?

Lassen Sie sich von nun an nicht mehr zum Erfüllungsgehilfen seiner Selbstdarstellung machen. Vergessen Sie nicht: Er lügt nur für sich selbst. Soll er doch! Sie glauben ihm kein Wort mehr, das brauchen Sie ihm aber noch nicht einmal unter die Nase zu reiben. Es ist egal, was er sich zusammenreimt, solange Sie es infrage stellen.

Ob Sie ihm überhaupt noch zuhören, hängt in erster Linie von Ihrer Verfassung ab. Es gibt Situationen, da kann man das Fehlverhalten der anderen locker wegstecken und sich im Stillen sagen: »Ja ja, erzähl du mal.« Zum einen Ohr rein und zum anderen wieder raus. Mit dem Wissen, dass wir von diesem Menschen keine Ehrlichkeit erwarten können, erträgt man die Lügen deutlich leichter. Doch sobald Sie merken, dass die Unehrlichkeit Sie zu verletzen droht – vielleicht weil das Thema einen wunden Punkt berührt oder Sie es schlichtweg leid sind zuzuhören –, sollten Sie sich selbst davor schützen und nicht mehr als Adressat für Ammenmärchen zur Verfügung stehen. Sie verweigern ab sofort die Annahme und schicken die Lügen postwendend zurück: »Ich kann mit dieser Geschichte nichts anfangen. Sie interessiert mich nicht. Es wäre mir lieber, wenn du sie für dich behieltest.«

Kein Vorwurf, keine Belehrung, kein Appell an die Moral, das wäre alles vergebene Liebesmüh und würde womöglich doch enttäuschend enden. Es muss auch kein radikaler Beziehungsabbruch sein, nur eine Auszeit, bis Sie wieder zur Gelassenheit gefunden haben. Stellen Sie sich einfach nicht mehr auf Empfang ein. Sobald der Lügner merkt, dass Sie nicht mehr bereit sind, ihm alle Heldentaten zu glauben, werden Sie uninteressant für ihn, und er lässt Sie mit etwas Glück in Ruhe.

Ist diese Person jedoch jemand, der Ihnen nahesteht, wird der Umgang wahrscheinlich sehr anstrengend, wenn Sie grundsätzlich nichts mehr glauben. Sollte der Lügner beispielsweise ein enges Familienmitglied sein, wissen Sie vielleicht, wodurch die Lügenmanie entstanden ist. Menschen, die aus tiefer Angst vor Strafe lügen, sehen keine andere Möglichkeit, sich zu retten. Vielleicht hilft Ihnen diese Sicht, diesem Menschen mit Empathie zu begegnen – aber auch sich selbst, indem Sie wachsam sind und sich nicht mehr manipulieren lassen. Sie können ihn als Menschen annehmen, aber sein Verhalten ablehnen.

Die Missgönner

Will dort sein, wo sie jetzt steht,
will das, was sie hat, auch haben,
will, dass es mir wie ihr geht,
will eine tiefe Grube graben,
und ich zeige es allen: Ich will auf ihren Platz gelangen,
und sie soll fallen! fallen!
Ich werde sie niemals auffangen.

»Gelb« von Mea Culpa, Text: S. Lüpkes, Musik: J. Schmidt

»Falsch!«, ruft Norbert dazwischen.

Nicht: »Könnte man das eventuell auch anders sehen« oder »Meiner Ansicht nach gibt es mehrere Möglichkeiten«, nein, er ruft ganz schnörkellos »Falsch!«.

Und zwar nicht nur einmal, sondern fast punktgenau alle dreißig Minuten.

Immer wenn es gerade wieder läuft im Seminar für angehende Fußballtrainer. Wenn die Gruppe ins Thema einsteigt, vereinzelt Arme nach oben gehen. Immer kurz bevor Miriam das Gefühl hat, sich wieder auf festem Boden zu befinden, genau dann kommt aus der Ecke ganz hinten ein lautes »Falsch!«.

Dieses eine Wort erfasst Miriam mit Würgegriff, quetscht ihre Stimme und sorgt zudem für eine unregelmäßige Pulsfrequenz. Und das ärgert sie im Grunde am meisten: Warum lässt sie sich dermaßen ärgern?

Miriam weiß doch eigentlich, dass sie es kann. Sie hat sich auf das Seminar gut vorbereitet, es ist auch nicht das erste dieser Art. Seit elf Jahren ist sie im Profifußball tätig, seit mehr als vier Jahren trainiert sie eine erfolgreiche Frauen-Bundesligamannschaft. Die

Trainerworkshops gibt sie eher zur Abwechslung und weil sie Lust hat, mit sportinteressierten Menschen zu arbeiten. Sie muss das nicht tun.

Und in diesem Moment will sie es auch nicht! Am liebsten würde sie wegrennen.

Passenderweise nehmen sie ausgerechnet heute das Thema Zwei-kampf durch. Als die Gruppe legendäre Foulszenen analysiert, geht er zum Telefonieren vor die Tür. Während sie über die Strategien beim Duell um den Ballbesitz spricht, blättert er geräuschvoll in einer Zei-tung.

»Bei einem Zweikampf mit Torabschluss muss das Tempo nach der Ballannahme mitgenommen werden ...«

»Falsch!«

Gut, dann geht sie eben wieder darauf ein. Bloß nicht zeigen, wie genervt sie ist. »Auf diese Weise proben wir den reibungslosen Trai-ningsfluss ...«

»Trotzdem falsch. Man muss erst klären, wer Angreifer und wer Verteidiger ist.«

Miriam sieht einige der Teilnehmer zustimmend nicken. Die glau-ben ihm.

Sie schaltet den Beamer noch einmal an, erklärt mit dem Laser-pointer in der Hand den Ablauf, spielt einige Varianten durch. Doch das Feedback im Forum scheint Norbert zu beflügeln: »So zieht das heutzutage kein Mensch mehr auf, das sind völlig veraltete Metho-den.«

Na gut, versucht sie sich zu beruhigen, das Thema ist umstritten, das weiß sie selbst. »Nach meinen Erfahrungen ...« Gott sei Dank kann er nicht in ihren Kopf schauen, denn da schiebt gerade ein Zweifel den nächsten an: Hat sie ein zu starres Trainingsmodell? Was, wenn ihre Tipps zu einseitig sind? »Nach meinen Erfahrungen funktioniert es so am besten.«

»Nach meinen nicht.« Norbert bleibt ganz cool, lehnt sich, die Arme verschränkt, auf dem Stuhl zurück.

Ich würde ihm glauben, bemerkt Miriam. Der wirkt ja viel kompetenter als ich.

»Verteidigung und Angriff müssen festgelegt sein«, stellt er fest.

»Nein«, stößt Miriam hervor und denkt: Wer hier bei uns der Angreifer ist und wer sich verteidigen muss, ist anscheinend längst klar, du Idiot. Pass bloß auf, dass ich dich nicht foule, du blöder Neidhammel! Ganz gelb im Gesicht! Weil ich es geschafft habe, weil ich Geld mit dem Fußball verdiene und du dafür bezahlen musst ... Weil ich hier als Dozentin eingeladen werde und du diesen Kurs in der traurigen Hoffnung besuchst, endlich entdeckt zu werden ... Weil ich jung bin und hübsch und du gar kein erkennbares Alter hast ...

»Doch!«, sagt er.

»Nein!«, sagt sie.

Und dabei hat sie gar keine Vorurteile gegen Leute wie Norbert. Sie fühlt sich nicht als etwas Besseres, bloß weil sie es – im Gegensatz zu ihm – im Fußballbetrieb zu etwas gebracht hat. Ihr Erfolg hat schließlich auch viel mit Glück zu tun. Das bedeutet doch nicht, dass sie begabter ist als ... na ja, als dieses Arschloch eben.

»Doch!«, sagt er.

Und plötzlich lacht der Rest des Kurses, und Miriam beschließt, so zu tun, als sei das hier wirklich nur ein Spaß. Ein Schlagabtausch zur Belustigung der Gruppe. Schließlich scheint der Kerl in der Ecke ja mit allen anderen bestens zurechtzukommen. Norbert hat bei denen nicht einmal quergeschossen. Die finden ihn womöglich ganz sympathisch.

Also greift Miriam zu dem erstbesten und ziemlich lahmen Kompromiss: »Vielleicht kann man es auf beiderlei Arten versuchen.« Natürlich registriert sie aus den Augenwinkeln, dass der gesamte

Kurs nach diesem Satz aufgehört hat, bei ihrem Vortrag mitzuschreiben.

Das größte Arschloch gewinnt!

Missgönner lauern überall. Sie betrachten ihre Mitmenschen mit Argusaugen und setzen alles daran, deren positive Seiten und Verdienste madig zu machen. Das kann bei den begehrten Schokomuffins auf dem Schulfest anfangen (»Viel zu viel Zucker und staubtrocken!«), sich über berufliche Erfolgserlebnisse fortsetzen (»Da zeigt sich mal wieder, dass es sich lohnt, dem Chef permanent Honig ums Maul zu schmieren.«) und macht auch vor den persönlichsten Angelegenheiten nicht halt (»Glückwunsch zur Hochzeit – sehr mutig, in der heutigen Zeit, wo jede dritte Ehe vor dem Scheidungsrichter endet.«). Oder eben wie im Fall von Norbert, der es nicht ertragen kann, dass Miriam im Gegensatz zu ihm als Sportlerin Erfolg hat, weswegen er jede Gelegenheit nutzt, ihre Kompetenz öffentlich infrage zu stellen.

Missgönner

– auch bekannt als Neidhammel, Eifersüchtler.
– wirken auf den ersten Blick oft urteilssicher, kritisch, sachkundig.

Alles, was andere erfreut, ist dem Missgönner ein Dorn im Auge und muss zerstört werden. Als gäbe es eine Formel, laut der Glück und Erfolg nur an einzelne Auserwählte verteilt werden kann. Hat einer das große Los gezogen, hält das Leben für die Übrigen nur noch Nieten bereit; so oder ähnlich scheint das Schicksal für die

Missgönner zu agieren. Also müssen sie dafür sorgen, dass sie selbst die Gewinner sind – und die anderen die Verlierer.

Die Maßnahmen, die Missgönner zu diesem Zweck ergreifen, sind vielseitig. Zynismus und Unhöflichkeit stehen am harmlosen Anfang. Missgönner schrecken nicht davor zurück, selbst aktiv zu werden, zu sabotieren, zu intervenieren – Hauptsache am Ende steht der andere vor einem Trümmerhaufen und hat verloren, worauf er zuvor stolz war. Denn was den anderen erniedrigt, gibt dem Missgönner die Chance, sich erhöht zu fühlen. Das ist das Ziel.

Das ist es, wofür es sich lohnt, ein solches Arschloch zu sein.

Du sollst nicht begehren …

Neid ist absolut menschlich – jedoch ziemlich in Verruf geraten. Dabei hat eine gesunde Portion Neid noch niemandem geschadet. Im Gegenteil, wir brauchen dieses Gefühl, das auf dem direkten Vergleich zwischen uns und unseren Mitmenschen basiert.

Der Neid muss sich bereits im frühmenschlichen Stadium entwickelt haben, denn die uns nächstverwandten Affenarten zeigen ebenfalls ein solches Verhalten.[24] Sogar Hunde scheinen neidisch zu werden: Wenn sie für eine Dressurleistung ein Stück Trockenfutter bekommen, ein anderes Tier für dieselbe Nummer aber ein saftiges Steak einheimst, sinkt ihre Motivation deutlich, und sie reagieren gereizt.[25] Da also selbst Hunde und Affen ein solches Ungleichgewicht als negativ wahrnehmen, muss ein evolutionstechnischer Sinn dahinterstecken.

Was hat er, was ich nicht habe? Warum ist sie erfolgreich, wo ich auf der Stelle trete? Zugegeben, es gibt angenehmere Gedankenspiele, aber nur wenn wir unseren Status mit dem der anderen vergleichen, lernen wir uns selbst wirklich kennen. Unsere Stärken und Schwächen.

Früher haben wir vielleicht die sportlichen Mitschüler beneidet, die beim Fußball als Erste in die Mannschaft gewählt wurden, während wir bis zum bitteren Ende auf der harten Holzbank sitzen blieben. Klar hat uns das gewurmt. Aber es hat uns auch vor Augen geführt, dass es sich wohl kaum lohnen wird, eine Karriere im Spitzensport anzustreben. Dieses Metier war eben einfach nicht das Richtige für uns. Und zum Glück gibt es viele Fächer, in denen andere Talente gefragt sind.

Was sich jedoch ein für alle Mal einprägt, ist das Gefühl, auf diesem Gebiet nicht im Glanz der Sonne zu stehen. Die Schlussfolgerung lautet: Im Sport sind wir eigentlich ein Nichts. Ein Psychologe würde es so formulieren: Aus struktraler Sicht konstituiert sich das Ich in der Objektrepräsentanz. Übersetzt heißt das: Wir brauchen die Aufmerksamkeit der anderen, um überhaupt zu existieren.

Umgekehrt kann die Erkenntnis, dass andere es weiter schaffen als wir selbst, auch zum Ansporn werden. Wenn der Wille, keine Sportniete mehr zu sein, stark genug ist und die körperliche Konstitution es erlaubt, wird der Ehrgeiz angestachelt: Jetzt strenge ich mich an, jetzt trainiere ich konsequent, jetzt zeige ich es mir und der ganzen Welt. Prompt tragen wir ein Jahr später stolz unsere erste Ehrenurkunde von den Bundesjugendspielen nach Hause.

Konkurrenz ist das Stichwort – und die belebt ja bekanntlich das Geschäft. Ohne diesen etwas bissigen Wunsch, im Wettbewerb mit anderen gut abzuschneiden, würden wir weniger Energie aufwenden, weniger selbstkritisch sein – und möglicherweise die Chance verpassen, unser eigentliches Talent zu entdecken und zu entfalten.

Wenn wir lernen, mit Neid umzugehen, werden wir einen gewaltigen Nutzen daraus ziehen. Dass dieses Gefühl jedoch gesellschaftlich wenig anerkannt ist, erschwert den Umgang damit.

Andererseits wird das Konkurrenzdenken bereits in früher Kindheit geschürt. Nur die schönsten Wachsmalbilder werden im Kindergarten an die Wand gehängt. Nur die gut aussehenden Mitschüler werden geküsst, und wer Medizin studieren möchte, braucht eine 1,0 im Abi. Wir sind gezwungen, uns mit anderen zu messen, in fast allen Lebensbereichen haben wir es mit Rangordnungen zu tun. Gleichzeitig aber sollen wir unseren – oft absolut verständlichen – Neid verdrängen.

Kein Wunder, dass da aus dem eigentlich so nützlichen Gefühl etwas ganz Unangenehmes heranwachsen kann: die Missgunst. Im Gegensatz zu ihrem kleinen, harmlosen Bruder Neid zieht die Missgunst nämlich andere Schlüsse. Sie fängt nicht an, sich selbst unter die Lupe zu nehmen, an sich selbst zu arbeiten, lernt also nicht den vernünftigen Umgang mit den eigenen Fähigkeiten und dem eigenen Unvermögen. Stattdessen schielt sie zu den Mitmenschen und sucht ihre Befriedigung darin, die Vergleichsobjekte zu degradieren.

Aus der Sicht des unsportlichen Neiders sieht es so aus: Da werden Spielregeln missachtet, Turnbeutel versteckt und Reißzwecken in die Sportschuhe gelegt. Missgunst ist unfair und kämpft mit hinterhältigen Methoden.

Training für den Ellenbogen

Natürlich wird die destruktive Missgunst dort besonders deutlich, wo der Konkurrenzkampf offen ausgetragen wird. Miriam wird sich bestimmt immer wieder mit Typen wie Norbert konfrontiert sehen, denn gerade im Sport haben alle das gleiche grundlegende Ziel, einen guten Rang, eine goldene Medaille oder die Qualifikation für die nächste Runde zu erlangen. Aber nur einer wird ganz oben auf dem Siegertreppchen stehen.

Oder in der freien Wirtschaft, wo einzelne Unternehmen ganz klar durch Umsatz und Marktwert als erfolgreich, mittelmäßig und irrelevant klassifiziert werden. Wenn die Werbestrategen es nicht schaffen, die eigene Marke in den Olymp zu hieven, muss man dem Mitbewerber eben übel mitspielen, Industriespionage betreiben, Gerüchte in Umlauf bringen, Umsatzzahlen manipulieren.

Man erkennt die Missgönner an der Zurschaustellung ihrer Statussymbole. Oft fahren sie teure Autos, tragen Markenklamotten mit gut sichtbaren Labels, essen in angesagten Restaurants und verbringen ihre Freizeit mit exklusiven Hobbys, bei denen sie von möglichst vielen gesehen werden. Dies müssen sie sich nicht unbedingt leisten können, oft lassen sie sich die Außenwirkung einiges kosten und leben über ihre finanziellen Verhältnisse. Da wird ein eher langweiliges Dasein gern mächtig aufgeblasen. Schaut mal her, ich kann was, ich bin ziemlich wichtig und weiß genau, wo es langgeht! Hat der Nebenbuhler ein Haus gebaut, baue ich direkt daneben eine Villa. Fährt er einen Porsche, überhole ich ihn morgen mit meinem Ferrari. Trägt sie Kleidergröße 38, hungere ich mich eisern auf 36 herunter. Und dann lästere ich über die dicke Qualle, aber richtig.

Es geht dabei nicht um den eigenen Wunsch nach Eigenheim, fahrbarem Untersatz oder 90-60-90-Maßen, nein, der Blick geht immer auf den anderen, und was der Missgönner dort zu sehen bekommt, bestimmt sein Ziel.

Erzählen Sie bei Ihrem nächsten Treffen mit dem vermeintlichen Missgönner einmal voller Stolz und Freude von Ihrem letzten erfolgreichen Projekt. Im Idealfall sollte es sich um eine Sache handeln, für die Sie und die Testperson sich gleichermaßen interessieren.

Sie haben die begehrten Eintrittskarten für die Theaterpremiere ergattert? Dann wedeln Sie damit vor seiner Nase herum.

Sie werden in der Firma mit einem besonders interessanten und lukrativen Auftrag betraut? Darauf müssen Sie unbedingt gemeinsam anstoßen.

Sollte Ihr Gegenüber ein Missgönner sein, wird er diese Neuigkeiten nicht ertragen können und Ihnen mit Zynismus, Misstrauen oder einer noch tolleren Leistung seinerseits begegnen – wahrscheinlich sogar mit allem auf einmal. Lassen Sie sich davon nicht abschrecken und kommen Sie immer wieder auf das große Glück, das Ihnen widerfahren ist, zurück. Sie werden sich durch nichts von ihrer berechtigten Freude abbringen lassen.

Aus dieser Situation wird der Missgönner so bald wie möglich auszusteigen versuchen, zuerst wird er herzhaft gähnen, dann vielleicht auf einmal telefonieren, die Toilette aufsuchen oder abrupt das Thema wechseln. Oder er wird so schlechte Laune bekommen, dass Sie die Flucht ergreifen.

Warum das so ist, liegt auf der Hand. Durch Ihren Erfolg fühlt der Missgönner sich herabgesetzt. Der Scheinwerfer des Glücks ist auf Sie gerichtet statt auf ihn. Aus seiner Sicht befinden Sie sich in einer reinen Ellenbogengesellschaft, es gibt nur einen Platz im Rampenlicht, und wenn der besetzt ist, muss man eben einen unangenehmen Seitenhieb austeilen. Doch die giftigen Kommentare des Missgönners laufen ins Leere. Und genau das ist für ihn unerträglich.

Aber wenigstens wissen Sie dann genau, mit wem Sie es gerade zu tun haben.

Zu Höherem berufen?

Als Norbert ungefähr zehn Jahre alt war, gab es tatsächlich mal eine Anfrage von einem Fußballverein der Kreisliga, doch er hat sich kurz vor dem Probetraining das Bein gebrochen und den wichtigen Termin versäumt. »Wenn mir das damals nicht passiert wäre, dann …«

Dieser Satz ist typisch für Missgönner. Sie haben das elementare Gefühl, nicht das Leben zu leben, das ihnen eigentlich zusteht. Im Grunde wären sie für Größeres bestimmt gewesen – Bundeskanzler, Supermodel, Nobelpreisträger, Fußballstar … mindestens.

Tatsächlich hadern wir ja immer am meisten mit dem, was wir verpasst haben. Begangene Fehler können wir irgendwann ad acta legen, Schwamm drüber, nächstes Mal bin ich schlauer. Doch die ungenutzten Möglichkeiten verfolgen uns ein ganzes Leben: Was wäre aus mir geworden, wenn ich damals zu diesem Probetraining gegangen wäre?

Dieses unerreichte Ideal – das im wahren Leben wahrscheinlich gar nicht so toll geworden wäre wie in der eigenen Fantasie – erscheint dem Missgönner als das, was ihm vorenthalten wurde. Der Vergleich mit dem realen Alltag mit all seiner Langeweile, seinen Problemen und Banalitäten zeigt ihm immer wieder einen eklatanten Mangel auf: Das Leben ist nicht fair verlaufen für mich. Und deswegen habe ich es grundsätzlich viel schwerer als die anderen, denen immer alles in den Schoß gefallen ist. Also zeige ich ihnen, dass alles, was sie geschafft haben, im Grunde auch nichts wert ist.

Dem Missgönner geht es ohnehin um das Zeigen, um das Sichtbarwerden, um den Scheinwerfer, der seine Existenz möglichst eindrucksvoll in Szene setzt – und eventuelle Defizite gnädig im Schatten verschwinden lässt. Deshalb wird ein Missgönner auch immer darauf achten, dass ihm niemand zu nahe kommt, um nicht am Ende als Möchtegern entlarvt zu werden.

Die Verzweiflung darüber, nicht der zu sein, der man gern geworden wäre, ist das tragische Problem der Missgönner. Eigentlich fühlen sie sich als eine Nicht-Person. Da, wo sich bei anderen das

Selbstbewusstsein mehr oder weniger breitmacht, klafft eine Lücke. Allenfalls gibt es so etwas wie ein »Als-ob-Selbstbewusstsein«.

Verständlich, dass ein solcher Mangel die denkbar schlechteste Voraussetzung für den Vergleich mit anderen ist. Da kann man nur mies abschneiden. Darum wird von den Missgönnern der ganze Aufwand betrieben, die Angeberei gepaart mit der Herabsetzung der anderen. Der gewöhnlich aus dem Neidgefühl resultierende Prozess, ein unerreichbares Ziel zu verwerfen oder besonders viel Energie darauf zu verwenden, es doch zu schaffen – dieser Prozess kann nicht funktionieren, wenn kein Bewusstsein für die eigene Person vorhanden ist. Deshalb muss man den Ausgleich durch die Zerstörung der anderen schaffen. Und darin sind Missgönner richtig gut.

Und das Größte für einen Missgönner wäre, wenn die anderen Menschen ihn betrachten und vor Neid erblassen würden!

Mit Recht stolz sein dürfen

Mitleid bekommt man umsonst – Neid muss man sich erarbeiten!

Dieser altbekannte Satz leuchtet ein, und es gibt tatsächlich viele Menschen, die es genießen, wenn sie den Neid in den Augen der anderen aufblitzen sehen. Doch Neid ist nicht gleich Missgunst, und wenn man plötzlich offen angegriffen oder wenn hintenherum an der eigenen Kompetenz gekratzt wird, hört der Spaß auf.

Ob Sie mit einem Missgönner souverän umgehen und ihn in seine Schranken weisen können oder nicht, hängt ganz von Ihnen selbst ab. Denn die Kehrseite des Neides ist der Stolz – und damit sollten Sie geschickt umgehen können, wenn Sie sich gegen ein solches Arschloch wehren wollen.

Es ist keine Schande, erfolgreich zu sein. Selbst wenn das Glück etwas nachgeholfen hat und Sie mit sechs Richtigen im Lotto zum

Millionär oder mit Vitamin B zum Juniorchef geworden sind – es ist egal, Sie dürfen stolz darauf sein, sich daran erfreuen und dies auch nach außen hin sichtbar werden lassen. Ob die Mitmenschen damit umgehen können oder es Ihnen neiden, ist eigentlich nicht Ihr Problem … oder eben doch.

Auch Miriam, die auf eine beachtliche Sportlerkarriere zurückblicken kann, wurde zu Bescheidenheit erzogen. Ihre Eltern achteten darauf, dass sie trotz Pokalen im Zimmer und Urkunden an der Wand die Nase nicht zu hoch trug. Nicht zuletzt deswegen hat sie heute so große Probleme, mit Neidern wie Norbert umzugehen. Denn natürlich wird durch sein unmögliches Verhalten beim Workshop das Ungleichgewicht offensichtlich: Miriam hat es weiter gebracht als er, ist wahrscheinlich wesentlich talentierter und war zum rechten Zeitpunkt am richtigen Ort. Automatisch schreitet nun Miriams kleiner Moralapostel zur Tat und rügt sie für diese Wahrnehmung: Halt! Du bist genauso gut oder schlecht wie Norbert. Bilde dir bloß nichts ein. Sei dankbar, dass du es so glücklich getroffen hast im Leben.

Schon sitzt Miriam in der Bredouille. Sie erkennt, dass Norbert sie schäbig behandelt, weil er ihr den Erfolg missgönnt. Aber sie erlaubt sich diese Erklärung nicht, denn sie darf schließlich nicht übermäßig stolz sein. Nein, bitte nicht, es gibt doch gar keinen Grund, mich zu beneiden. Ich koche schließlich auch nur mit Wasser …

Also hört sie sich weiter miese Sprüche an, lässt sich herunterputzen, bloßstellen, mobben. Und fühlt sich doppelt schlecht, weil sie ja zudem immer noch gegen ihren blöden Stolz ankämpft.

Genau da liegt der Punkt, an dem Miriam und alle anderen von Missgönnern herabgesetzten Menschen ansetzen müssen, um weiteren Schaden zu verhindern. Sie sollten – wie die Neider – lernen, mit dem Vergleich fertigzuwerden. Sie sollten es sich selbst erlauben, sich als besser gestellt zu sehen.

Das klingt einfacher, als es ist. Denn wenn es uns gelungen ist, den Neid des anderen auszuhalten, sind wir auch erst einen Schritt weiter, und zwar den, der uns selbst anbelangt. Als Nächstes muss eine Strategie her, wie wir dem Missgönner in Zukunft begegnen sollen, solange es keine Möglichkeit gibt, ihm schlichtweg aus dem Weg zu gehen.

Und da der Missgönner ohnehin auf Krawall gebürstet ist, müssen Sie aufpassen. Er will auf keinen Fall durchschaut und entlarvt werden! Wenn Sie ihn direkt auf die Ungleichheit Ihres Status ansprechen, fühlt er sich angegriffen und wird aggressiv dagegen vorgehen.

Zudem graut ihm davor, die Kontrolle über Nähe und Distanz zu verlieren. Kommt ihm jemand zu nahe, könnte er als das entlarvt werden, was er ist, nämlich eine Person ohne Selbstbewusstsein. Er wird alles daransetzen, diese Demaskierung zu verhindern.

Also sollten Sie sich vor einem allzu direkten Schlagabtausch hüten – im beruflichen wie privaten Umfeld kann das für beide unangenehme Folgen haben. Es gibt Nachbarschaftsstreitigkeiten, die auf Missgunst gegründet sind und sich über Jahre ziehen – in der Zeit fühlen beide sich nicht wohl in ihrem eigenen Zuhause. Es geht auch friedlicher, indem man dem übertriebenen Neider immer wieder den Stachel zieht.

Innerhalb einer Gruppe kann der Missgönner das Konkurrenzdenken besser zurückschrauben. Versuchen Sie also, ein Wir-Gefühl zu erzeugen. Auch wenn sein Verdienst bei einem Erfolg der Abteilung gar nichts mit ihm zu tun hat, beziehen Sie ihn in die allgemeine Freude mit ein.

Begegnen Sie seiner Schwarzmalerei, indem sie ihm das Wort im Mund so herumdrehen, dass destruktive Kritik auf einmal wie ein konstruktiver Vorschlag daherkommt. Dann hat er das Gefühl, gewonnen zu haben – und Sie haben Ihre Ruhe.

Natürlich hätte es Miriam einfach aussitzen können, der Workshop war nur auf eine Woche begrenzt, und danach würde sie Norbert wohl nie wieder über den Weg laufen. Doch er ist nicht der Erste und wird auch nicht der Letzte sein, der ihr die Karriere neidet, also will sie es dieses Mal endlich anders angehen. Schließlich ist sie Trainerin und kennt sich aus mit Angriff und Verteidigung. Als der erste Seminartag fast vorbei ist, ruft sie alle Teilnehmer zusammen und bittet um ein Feedback. Sie beginnt als Erste und dankt der Gruppe für das bisherige Engagement, insbesondere weil es eben auch Teilnehmer gibt, die mehr wollen als nur bloßen Frontalunterricht – und dabei schaut sie Norbert lächelnd an. »Es ist eine Herausforderung für mich, mit Leuten zu arbeiten, die sich in Sachen Fußball so gut auskennen. Das kenne ich von meiner Mannschaft, aber hier habe ich es nicht erwartet, und ich fühle mich wohl in dieser Runde, weil ihr gemeinsam mit mir diesen Austausch sucht.« Es ist das erste Mal, dass Norbert keinen Widerspruch erhebt.

Natürlich müssen Sie im Umgang mit Missgönnern vorsichtig sein. Sie sollten sich nicht verbiegen oder das eigene Licht unter den Scheffel stellen, bloß damit dieser Person kein Anlass geboten wird, wieder neidisch und bösartig zu werden. Dann hätte der Missgönner ja sein Ziel erreicht: Wir ducken uns, machen uns klein – und er kann zur vollen Größe wachsen.

Doch wir haben einen entscheidenden Vorteil: die innere Größe. Derer sollten wir uns bewusst sein und bleiben. Denn damit kann der Missgönner niemals konkurrieren – was er auch tief in seinem Inneren nur zu schmerzhaft wissen wird.

Die Pseudoarschlöcher

Keine Schuld ist dringender als die,
Danke zu sagen.

Marcus Tullius Cicero

»Hallo, Herr Petersen!« *Die beiden blonden Mädchen stehen so brav und artig vor der Tür, als seien sie eben einem Fünfziger-Jahre-Heimatfilmchen entsprungen. Sie verstecken etwas hinter ihrem Rücken, und in ihren Gesichtern erkennt man ein Lächeln, das die Anspannung kaum überspielt.*

Petersen hebt seine hundert Kilo vom Bürostuhl und drückt die Zigarettenkippe in den Aschenbecher. Hier darf man nicht rauchen. Seit Jahren schon ist es verboten. Doch Petersen setzt sich darüber hinweg. Was wollen die einem hier noch alles vorschreiben, verdammt noch mal?

»Man kommt aber auch zu gar nichts mehr«, *mault er die Kinder an.* »Nicht mal 'ne Pause kann man in diesem Irrenhaus machen!« *Jetzt steht er vor ihnen, schaut grimmig, ist sich seiner unangenehmen Aura absolut bewusst.* »Und? Womit wollt ihr mir den Tag verderben?«

Die Mädchen zaubern zwei Muffins hervor, frisch gebacken, mit Zuckerguss. »Wir wollten uns bei Ihnen bedanken, weil Sie in unserer Klasse die Schiebetafel repariert haben.«

Jetzt bringt Petersen ein gekünsteltes müdes Lächeln zustande. »Ach, die Chaoten aus der 7e? Wer von euch hat das Teil denn geschrottet?«

Die Mädchen schauen sich erschrocken an und zucken die Achseln. »Keine Ahnung. War einfach so kaputt. Und unser Klassenlehrer …«

»Ja ja, der studierte Herr Klassenlehrer«, unterbricht Petersen, »schon klar, der war nicht in der Lage, die Mechanik wieder in Gang zu setzen.« Er greift sich die Muffins. »Na ja, okay, dafür hab ich jetzt ja was Süßes zum Kaffee.« Damit ist das Gespräch zu Ende. Die Mädchen winken kurz, dann drehen sie sich um und rennen über den Schulflur davon, sichtlich erleichtert, diese Aufgabe erledigt zu haben. Petersen ruft hinterher: »Hab ich euch nicht tausendmal gesagt, hier wird nicht gerannt? Wenn ihr euch den Hals brecht, den kann ich nicht wieder reparieren!«

Petersen hat im letzten Schuljahr eine satte Bilanz erreicht: 25 Tafeln Schokolade, 4 Flaschen Wein, 2 Kaffeebecher mit den Aufdrucken »Du bist der Beste« und »Danke für alles« – dazu die ungezählten selbst gemachten Bilder und Kuchen. Das meiste stapelt sich heute, am Zeugnistag, auf seinem Tisch.

Zeugnistag ist so was wie Zahltag. In der nächsten großen Pause bringt die Schulsekretärin noch einen Gutschein für ein Abendessen in der Pizzeria vorbei. Als Anerkennung für die geleistete Arbeit im letzten Schuljahr. Ein Dankeschön im Namen des gesamten Lehrerkollegiums. Man wisse seinen Einsatz sehr zu schätzen. Papierstau im Kopierer, quietschende Bürotüren, dann das Unkraut auf dem Schulhof. Und so weiter. Petersen nickt nur. Schon gut. Jetzt mal halblang.

Und Pizza? So ein italienisches Zeug? Mal sehen, ob er da wirklich hingeht, sonst kann man den Gutschein ja auch sicher weiterverschenken, oder?

Am Abend geht Petersen nach Hause und setzt sich an den gedeckten Tisch. Seine Frau hat ihm sein Lieblingsessen gekocht, weil er ihr gestern mit den Mülltonnen geholfen hat. Trotz Stress bei der Arbeit hat er sich dann doch noch von ihr überreden lassen, die Dinger mit dem Hochdruckreiniger auszuspülen – er ist einfach ein Schatz!

Obwohl er doch bei seinem Job für jeden Mist ausrücken muss.
Geht in der Schule etwas kaputt, muss ihr Mann sofort zur Stelle
sein. Und es ist alle nasenlang was kaputt, weil alle mit den Sa-
chen umgehen, als wären sie nichts wert. Und dann diese Undank-
barkeit! Seit Jahren ist ihr Mann Hausmeister dort, aber noch nie
hat er auch nur einen warmen Händedruck von jemandem bekom-
men!

Das ist schlimm. Frau Petersen lässt ihrem Mann das Badewasser
ein.

Sie weiß, er hat eine etwas ruppige Art. Er kann sehr muffelig sein.
Aber er meint es doch nicht so. Wenn man ihn nur richtig nett fragt,
würde er alles für einen tun.

Raue Schale, weicher Kern eben. Und ein Herz aus Gold.

Sein oder Nichtsein – das ist hier die Frage

Sie sind ja inzwischen geübt in unserer kleinen Menschenkunde.
Dann dürfen wir Ihnen an dieser Stelle auch mal ein ganz besonderes Prachtexemplar präsentieren, bei dem man gleich um mehrere Ecken denken muss: das Pseudoarschloch.

Das Perfide: Es kann sein, dass Sie oft, sogar regelmäßig mit dieser Spezies konfrontiert werden und sich noch nicht einmal mies
dabei fühlen, weil Sie bislang nicht bewusst bemerkt haben, manipuliert und in gewisser Weise ausgenutzt worden zu sein. Im Gegenteil, Sie haben mitunter sogar ein erhabenes Gefühl und glauben, dass dieser eben noch so verstimmte Mensch in Ihrer Hand
zum Sonnyboy mutiert ist.

Wenn dem so ist und Sie es auch lieber dabei belassen wollen –
denn an einem Wohlgefühl ist ja nichts auszusetzen, selbst wenn es
von außen beeinflusst worden ist –, dann lesen Sie an dieser Stelle
nicht weiter.

Andererseits ist es schon spannend, einem solchen Verhalten und vor allem unserer Reaktion darauf auf den Grund zu gehen. Und seien Sie unbesorgt: Bestimmt wird es Ihnen auch im aufgeklärten Zustand noch gelingen, sich mit diesem Menschen abzugeben, sein Spiel mitzuspielen und trotzdem die gute Laune zu bewahren. Wer weiß, vielleicht wird es nach diesem Kapitel auch noch viel besser, weil Sie die Regeln verstanden haben.

Pseudoarschloch

- auch bekannt als Muffel, Griesgram, Misanthrop, Sauertopf, Brummbär, Diva.
- wirken auf den ersten Blick oft kompetent, tüchtig, irgendwie liebenswert.

Jetzt aber mal zur Sache: Obwohl er sich immer so ruppig gibt, ist Herr Petersen ja eigentlich ganz nett – und genau genommen auch nicht! Weil er sich durch diesen ganzen Wirrwarr um sein Wesen etwas »ergaunert«, was wir normalerweise lieber freiwillig und selbstbestimmt verteilen: unsere Dankbarkeit.

Wir kennen sie alle, diese Zeitgenossen, die durch ihre muffelige Art eine Aura von schlechter Laune verbreiten und jeden, der mit ihnen zu tun hat, erst einmal wie einen Störenfried behandeln. Man begegnet ihnen im Job, in der Familie und überall sonst, wo es darum geht, sich gegenseitig ab und zu hilfreich zur Seite zu stehen. In den meisten Fällen läuft das problemlos ab, doch bei einigen wenigen hören wir Sätze wie: »Was willst du denn schon wieder?« – »Kann man nicht einmal seine Ruhe haben?«

Wir ducken uns sofort. Es ist uns unangenehm, diesem Menschen so offensichtlich zur Last zu fallen. Doch da wir ein berechtigtes Anliegen haben, können wir nicht einfach wieder verschwinden, sondern müssen weiter nerven. Natürlich verpacken wir unsere Bitte von nun an besonders freundlich und höflich, weil wir hoffen, die grundsätzliche Verärgerung über unser Auftreten so wieder wettzumachen: »Bitte, wenn Sie so freundlich wären, auch wirklich nur ganz kurz, ich werde Sie nicht wieder belästigen, aber Sie sind eben der Einzige, der mir da helfen kann …«

Nun wird sich die betreffende Person betont mühselig unserer Sache annehmen – na, wenn es denn unbedingt sein muss –, was wir ihr auch überschwänglich danken. Sollte es sich um ein besonders cleveres Pseudoarschloch handeln, so bekommen wir an dieser Stelle noch so etwas wie ein angedeutetes Lächeln zu sehen. Deshalb bewerten wir dann die ganze Begegnung als etwas durchweg Positives: Ach, der tut immer nur so grantig, aber in Wirklichkeit ist dieser Mensch die Hilfsbereitschaft in Person. Man muss ihn eben nur zu nehmen wissen, und das ist mir ja heute anscheinend gelungen. Er ist ja gar nicht so schlimm, sondern nur ein Pseudoarschloch. Ich werde ihm bei nächster Gelegenheit ein kleines Dankeschön vorbeibringen.

Und zack, an dieser Stelle sind Sie Menschen wie Hausmeister Petersen auf den Leim gegangen. Denn er ist definitiv unfreundlich, manipulativ und korrupt, zudem ein Weltmeister darin, bei anderen Schuldgefühle hervorzurufen. Und diese sind ein mächtiges Werkzeug, um Menschen zu beeinflussen.

Der andere Hebel, den solche falschen Griesgrame geschickt benutzen, ist das Ausspielen ihrer vermeintlichen Macht. Die Lage ist doch klar: Wir wollen was von ihm! Wir sind die Bittsteller, ob wir Erfolg haben, liegt allein in seinen Händen. Hausmeister Petersen weiß, er hat das Sagen, denn nur er ist in der Lage, die kaputte Tafel zu reparieren. Nicht ohne Genugtuung gibt er allen anderen das Gefühl, Versager zu sein, weil sie das nämlich nicht können.

Der subtilste Schachzug von allen ist aber der, dass ein Pseudoarschloch uns neben einem schlechten Gewissen und dem Gefühl der Unterlegenheit auch noch indirekt glauben lässt, eine Verantwortung zu tragen, nämlich die für sein persönliches »Glück« oder »Unglück«. Wir müssen uns anstrengen, um ihn gnädig zu stimmen, und wenn wir das geschickt anstellen, wirkt dieser Mensch am Ende etwas zufriedener mit sich und seinem Leben. Also loben und danken wir ihm mehr, als wir es üblicherweise täten. Dies ist natürlich eine illusorische Macht. Es gleicht der Opfergabe, um die Götter zu besänftigen. Trotzdem funktioniert diese Strategie prächtig – mit dem Ergebnis, dass jemand uns eine Dienstleistung erbracht hat, wir aber trotzdem ein Spektakel veranstalten, als wären wir diejenigen, die hier eine Bringschuld hätten.

Denn im Grunde genommen geht es genau darum, eine Umkehrung der eigentlichen Verhältnisse zu erwirken. Wer hat hier das Sagen? Und wer muss dem Folge leisten?

Unkompliziert ist unsichtbar

Spielen wir in Gedanken mal dieselbe Situation durch, wenn Herr Petersen ein Schulhausmeister wäre, der nicht so einen Firlefanz veranstalten würde. Es wäre doch so: Das Telefon in der Werkstatt würde klingeln und der Klassenlehrer der 7e melden, dass die Tafel kaputt ist. Hausmeister Petersen würde in seinen Terminplaner schauen und sagen, heute käme er leider nicht mehr dazu, aber morgen wolle er sich die Sache mal anschauen, mit etwas Glück sei der Schaden schnell zu beheben. Der Klassenlehrer würde sich bedanken und könnte den Fall mit der kaputtem Tafel für sich abschließen, weil er weiß, da ist einer, der das repariert und der dafür bezahlt wird, diesen Job zu erledigen.

Keine Kinder mit selbst gebackenen Muffins müssten vorbeigeschickt werden, um sich zu bedanken. Die Lehrer, Sekretärin, Schüler kämen gar nicht auf den Gedanken, wegen jeder Kleinigkeit vor ihm auf den Knien rutschen zu müssen. Vielleicht würden sie ihm ab und zu ein Dankeschön sagen, vielleicht auch selbst gebackene Muffins vorbeibringen, aber ansonsten bekäme diese freundliche Herr-Petersen-Variante deutlich weniger Aufmerksamkeit als sein mürrisches Pendant. Wer weder kompliziert ist noch seine Umgebung schikaniert, wird womöglich unsichtbar. Dies ist zumindest eine konkrete Befürchtung, die Menschen mit entsprechenden Allüren haben.

Ein freundlicher Herr Petersen hätte aber wahrscheinlich nicht das Problem, sich in seinem Job minderwertig zu fühlen. Er hätte es gar nicht nötig, bei anderen Schuldgefühle und Unterwürfigkeit zu provozieren, um selbst besser dazustehen. Oft begegnet uns dieses betont unfreundliche und herablassende Verhalten gerade bei Personen, die im Dienstleistungsgewerbe tätig sind oder Berufe ausüben, in denen sie die Weisungen anderer befolgen müssen. Nicht jeder kann das mit seinem Stolz vereinbaren. Also versucht er, durch das Erzeugen von Schuldgefühlen und Machtgefälle den Spieß umzudrehen.

Denn unter all diesen Persönlichkeitsschichten – erst unfreundlich, dann hilfsbereit, im Grunde aber doch eher feindlich gestimmt – finden wir nach langem Suchen ein verkümmertes Selbstbewusstsein. Einen Menschen, der eigentlich etwas ganz anderes werden wollte, der viele unentdeckte und ungenutzte Talente verspürt und sich vom Rest der Welt unterschätzt glaubt. Dazu gesellt sich eine Art Allmachtfantasie, ein unbestimmtes Wissen, dass man in der Lage ist, die Gefühle der anderen zu steuern und für die eigenen Zwecke zu nutzen. Weil ein solcher Mensch beispielsweise als Kind erlebt hat, wie einfach Aufmerksamkeit erlangt werden kann, wenn

er es den Eltern richtig schwer macht – und dass diese ihn umgekehrt haben links liegen lassen, wenn er bloß brav und artig war.
Dieses Aufblähen der eigenen Wichtigkeit hat sowohl eine histrionische als auch eine narzisstische Komponente, das Pseudoarschloch überspielt sein Minderwertigkeitsgefühl, indem es die eigenen
Verdienste größer darstellt, als sie eigentlich sind.

Menschen wie Hausmeister Petersen haben die Erfahrung gemacht, dass man auf dem geraden und direkten Weg selten ein Ziel
erreicht. Also strengen sie sich an, hauen auf den Putz, erschweren
uns den Umgang mit ihnen, kehren die Verhältnisse um – und
müssen sich nicht mehr so untergeben fühlen.

Ich bekenne mich nicht schuldig

Nicht alle reagieren auf die Manipulationsversuche des Pseudo-
arschlochs gleich heftig. Viele Menschen haben, wenn sie einem un-
freundlichen Zeitgenossen begegnen, gar kein Interesse daran, diese
erste Schicht seiner Persönlichkeit fortzuwischen und nach dem
Wesen darunter zu forschen. Dies gilt für das Berufsleben genauso
wie ähnlich gelagerte Konstellationen im Privatbereich. Ja, man
kann tatsächlich mit einem solchen Menschen verheiratet sein – wir
sehen es ja an Frau Petersen, die das Auswaschen der Mülltonnen
mit einem liebevoll gekochten Essen belohnt, damit ihr Mann nicht
schlecht gelaunt den gemeinsamen Feierabend vermiest. Doch die
meisten Menschen würden sich auf eine solche Beziehung gar nicht
erst einlassen. Wenn der mich so blöd von der Seite anmacht, dann
hat er schlechte Karten. Ich habe ein ganz normales Anliegen, und
es ist seine Aufgabe, mir hier weiterzuhelfen, fertig!

Stimmt ja auch. Sie schulden diesem Menschen nichts, nur weil
Sie eine Bitte äußern. Und wenn er noch so grummelt, Sie brauchen sich davon eigentlich nicht beeindrucken zu lassen. Da haben

wir es wieder, das Wort, welches in diesem Kapitel ständig auftaucht: eigentlich! Denn wenn sich Ihr Gewissen meldet, weil Ihnen ein Mensch das Gefühl vermittelt, etwas Unzumutbares von ihm zu verlangen, dann ist das immer ein Grund, genauer in sich hineinzuhören.

Zunächst einmal ist ein angemessenes Schuldgefühl nichts Schlimmes, wir müssen begangene Fehler erkennen, uns aufgrund dieser Einsicht kurzzeitig unwohl fühlen, damit wir die Initiative ergreifen, es in Zukunft besser zu machen. Gewöhnlich ebbt das Schuldgefühl – oder die damit verwandte Scham – recht bald ab, wir haben aus der Sache gelernt und damit abgeschlossen.

Menschen, die mit sich selbst sehr streng sind, also laut Sigmund Freud durch ihr Über-Ich stark drangsaliert werden, verknüpfen die begangenen Fehler jedoch mit ihrer Persönlichkeit. Sie sind sozusagen sehr nachtragend mit sich selbst und glauben, durch einen Fauxpas nun weniger liebenswert zu sein. Oft geht diese Wahrnehmung auch noch mit einem überdimensionierten Verantwortungsgefühl einher.

Da hat ein Motzkopf wie Hausmeister Petersen natürlich sein ideales Gegenüber erwischt. Denn seine Spezialität besteht gerade darin, anderen die Verantwortung für sein Wohlbefinden zu übertragen und sie gleichzeitig zu beschämen, weil sie unfähig sind und ihm Arbeit aufhalsen.

Was passiert dann bei uns? Es ist uns von vornherein unangenehm, jemanden für uns arbeiten zu lassen. Wir gefallen uns überhaupt nicht in der Rolle des Bestimmenden, weil wir sie für unmoralisch halten. Wenn sich dazu noch ein latentes Schuldgefühl gesellt, weil wir nicht sicher sind, diese Arbeit womöglich durch eigene Fehler verursacht zu haben (»Hoffentlich ist diese Tafel nicht durch meine eigene Unachtsamkeit kaputt gegangen«), dann machen wir uns automatisch kleiner, als wir eigentlich sind. Wir möchten, dass Hausmeister Petersen nur Gutes über uns denkt, uns nicht für tollpatschig, überheblich oder unfähig hält. Um das zu erreichen, muss es uns gelingen, dass dieser Mann sich in unserer Gegenwart wohlfühlt. Das liegt allein in unserer Verantwortung, also sind wir besonders freundlich und dankbar. Das Über-Ich wäre zufrieden mit uns!

Wenn alles glattläuft und wir sogar ein Lächeln auf das Gesicht des anderen zaubern können, sind wir mit allem versöhnt und fühlen uns gut. Dabei kann man es belassen. Es kostet ja nichts, Menschen freundlich zu begegnen, auch wenn sie uns angeblafft haben.

Trotzdem sollten wir uns klar darüber werden: Wir müssen das nicht tun. Wir sind überhaupt nicht schuldig. Dieser Mensch macht nur seinen Job, den hat er sich ausgesucht, den hat er gelernt, dafür wird er bezahlt. Wir haben mit seiner Unzufriedenheit nicht das Geringste zu tun, die sitzt viel tiefer, als wir bei ihm jemals gelangen können.

Mit diesem Bewusstsein im Gepäck können wir solche Situationen in Zukunft aus einem gesunden Abstand betrachten. Wir spielen einfach bloß mit, befolgen die Regeln, sind weiterhin nett und dankbar, jedoch ohne uns unnötig zu verrenken.

Von nun an gibt es unseren Dank nur noch freiwillig.

Die Querulanten

Diejenigen Parteyen, welche sich der vorgeschriebenen Ordnung
nicht unterwerfen, sondern entweder Collegia und deren
Vorgesetzte mit offenbar grundlosen und widerrechtlichen
Beschwerden gegen bessere Wissenschaft und Überzeugung
belästigen; oder nachdem sie ihres Unrechts gehörig bedeutet
worden, mit ihren Klagen dennoch fortfahren, (...) sollen als
muthwillige oder boshafte Querulanten angesehen, ihnen
der Prozeß gemacht, und über ihre Bestrafung rechtlich
anerkannt werden.

Gerichtsordnung für die Preußen vom 6. Juli 1793, § 30

*Ein kleines Gartencafé, es gibt Tapas und eine hervorragende Crema
catalana, dazu scheint die Aprilsonne, und eigentlich würde Paula
jetzt gern einen Knopf drücken, der die Zeit langsamer laufen lässt,
weil der Augenblick so umwerfend schön ist.*

»Hat's geschmeckt?«, fragt die Kellnerin die Gäste am Nebentisch.

»Wenn Sie meinen, Ihre Gäste auf diese Weise für dumm verkaufen zu können ...«

*Paula dreht sich um. Die Frau ist Mitte vierzig und hat allem Anschein nach schon gegessen, denn auf ihrem Tisch steht ein restlos
leer geputzter Teller, auch das Weinglas enthält nur noch einen letzten Schluck. Eine junge Studentin mit Serviertablett scheint nicht so
recht zu wissen, ob sie abräumen darf oder nicht.*

*Falls sie sich über die nörgelnde Frau ärgert, so ist sie wirklich gut
darin, sich nichts anmerken zu lassen. »Was genau meinen Sie damit?«*

»Junge Frau, eine Tomate besteht, wie Sie sicher wissen, aus überwiegend rotem Fruchtfleisch. Wie erklären Sie es sich dann, dass

ich in meinem Essen nur – und ich betone nur – Ecken mit diesem grünen Stielansatz hatte? Das kann doch wohl kein Zufall sein.«

Paula überlegt, ob sie hier gerade Zeugin einer Aktion à la Versteckte Kamera wird. Doch die Frau am Nebentisch sieht nicht so aus, als würde sie gleich breit grinsen und sagen: Hey, war alles nur ein Scherz, welcher Mensch behauptet ernsthaft, dass ein Koch sich die Mühe macht, die Tomaten zu sortieren, die guten ins Töpfchen, die schlechten ins Kröpfchen der armen Gäste, die so blöd waren, ein Omelett mit Tomaten zu bestellen.

»Ich kann Ihre Beschwerde an die Küche weiterleiten«, sagt die Kellnerin tapfer und lächelt immer noch.

»Die werden das bestimmt abstreiten! Ich kenne die Machenschaften in der Gastronomie, mir ist völlig klar, dass wir als Gäste überall für dumm verkauft werden, damit Sie sich den fetten Gewinn einstreichen können.«

Die Kellnerin beginnt, die Teller abzuräumen. »Es wäre gut gewesen, wenn Sie das Gericht eher reklamiert hätten, dann hätte man das Omelett in die Küche zurückgeben und es neu zubereiten können.«

»Was glauben Sie, warum ich in diesem Lokal bin und mir etwas Essbares bestelle? Weil ich hungrig bin. Und da werde ich ganz bestimmt nicht warten, bis das Küchenpersonal in der Lage ist, seinen Gästen etwas Anständiges zu kredenzen.«

Paula hat vorhin schon mit halbem Ohr mitbekommen, dass die Frau mit Spezialwünschen und Ungeduld genervt hat. Und immer ging es um irgendetwas, das ihrer Meinung nach nicht passte, die Stimmung vermieste, sich querstellte. Dass sie selbst der größte Störfaktor ist, kommt dieser penetranten Person wohl nicht in den Sinn. Paula hat sogar schon kurz überlegt, sich an einen anderen Tisch zu setzen. Der liegt zwar im Schatten und direkt an einer Garagenein-

fahrt, aber so müsste sie nicht unfreiwillig diesem Lamentieren zuhören.

Jetzt lässt die Kellnerin das erste Mal ein wenig durchblitzen, wie unwohl sie sich in dieser Situation fühlt. Sie entschuldigt sich und verschwindet für einen kurzen Moment, um gleich darauf mit einem sehr kulanten Angebot zurückzukommen. »Wir bieten Ihnen als Entschädigung für Ihre Unannehmlichkeiten ein Dessert oder gern auch einen Kaffee an«

»Das nehme ich an, aber dennoch brauchen Sie nicht zu glauben, dass ich mein Omelett bezahlen werde.«

»Sie haben bereits die Rechnung angefordert, das heißt, die Summe ist nun in der Kasse verbucht. Ich kann Ihnen jetzt preislich leider nicht entgegenkommen. Aber, wie gesagt, wir bieten Ihnen gerne eine …«

»Was für eine bodenlose Unverschämtheit«, schimpft die Frau und erhebt sich so plötzlich, dass ihr Stuhl krachend nach hinten kippt. »Ich habe mir das alles übrigens notiert und werde mich, wenn es sein muss, mit Ihrem Geschäftsführer oder notfalls mit dem Gewerbeaufsichtsamt in Verbindung setzen. Ich kenne dort einige Mitarbeiter, meine Briefe werden also ganz sicher nicht übersehen!«

Inzwischen ist sie so laut geworden, dass außer Paula am Nebentisch auch alle anderen Gäste mitbekommen, was los ist. Das gefällt der Nörglerin, sie schaut sich um, fordert fast Beifall. Vielleicht sieht es für alle, die sich jetzt erst dazugeschaltet haben, so aus, als würde der Gast hier tatsächlich unzumutbaren Dingen ausgesetzt. Die Kellnerin tritt von einem Bein auf das andere. Paula bewundert sie für ihre Geduld.

»Da kann ich mich nur entschuldigen, aber die Summe ist in der Kasse verbucht, wenn Sie nicht zahlen, wird am Feierabend ein Fehlbetrag bei meiner Abrechnung auftauchen.«

Auch dieses Argument perlt an der Erbosten ab, sie hat nur ein Schulterzucken übrig. »*Ich werde dieses Essen auf keinen Fall bezahlen, das können Sie sich abschminken. Ihren Fehlbetrag können Sie ja mit Ihrem Trinkgeld ausgleichen, oder nicht?*«

Es ist still ringsherum. Paula kommt es so vor, als hielten sogar die frühlingshaft zwitschernden Vögel ihre Schnäbel.

Paula überlegt, jetzt in der Karte nachzuschauen, was dieses verdammte Tomatenomelett kostet, und die Summe passend auf den Nachbartisch zu knallen, ein giftiger Kommentar an die Nörglerin würde ihr sicher auch noch einfallen. Ja, das wäre mutig und vor allem gerecht. Das würde dieser Ziege das Maul stopfen. Doch dann überlegt Paula einen Moment zu lange, und die Kellnerin ist fort, die Frau schon abgezogen, die Chance vertan.

Das kann Paula auch mit ihrem besonders üppigen Trinkgeld nicht mehr gutmachen.

Sie verlässt das kleine Gartencafé mit einem beklemmenden Gefühl. Der Tag ist gelaufen. Für Paula, für die Kellnerin, wahrscheinlich auch für alle, die unfreiwillig Zeuge geworden sind. Aber einer Person geht es wahrscheinlich blendend.

Die Welt ist ungerecht.

Helden oder Haarspalter?

Ausnahmsweise wollen wir dieses Kapitel damit beginnen, dass wir einmal eine Lanze brechen für diesen Arschlochtyp. Ja, ausgerechnet für die Querulanten, diese nervtötenden, aufdringlichen, rechthaberischen Zeitgenossen, die anscheinend nichts Besseres zu tun haben, als die Welt mit seitenlangen Pamphleten zu bombardieren und jeden, der sie davon abhält, als Gegner zu beschimpfen.

Querulanten

- auch bekannt als Prozesshansel, Paragrafenreiter, Krakeeler, Streitsucher.
- wirken auf den ersten Blick oft engagiert, informiert, gerecht, unbestechlich.

Denn neben ihrer penetrant misstrauischen Art sind sie auch Menschen, denen wir einiges zu verdanken haben. Weil sie sich auf welche Weise auch immer ungerecht behandelt fühlten, haben sie sich stark gemacht, haben viel Zeit und Arbeit investiert, um einen tatsächlichen oder vermeintlichen Missstand zu beheben. Wahrscheinlich wirkten sie dabei auch auf so manchen Richter, Sachbearbeiter oder Kollegen wie ein rotes Tuch. Doch am Ende ist etwas dabei herausgekommen, ist vielleicht ein unschuldig Inhaftierter wieder freigesprochen, eine Abschiebung verhindert, ein Ärztepfusch aufgedeckt, ein Umweltskandal verfolgt worden. Schauen wir uns nicht sogar gern diese Filme an, in denen ein Held des Alltags gegen lauter bürokratische Sturköpfe kämpfen muss, bis endlich die Gerechtigkeit siegt? Erin Brockovich, Martin Luther, Jeanne d'Arc, ja, im Grunde sogar Robin Hood – sie alle sind Helden und ein Stück weit auch Querulanten.

Tatsächlich sollen rund 80 Prozent aller höchstrichterlichen Entscheidungen, die zu einer Verbesserung eines veralteten Rechtssystems führten, von sogenannten Querulanten erwirkt worden sein.[26] Journalisten schätzen das allumfassende Wissen dieser Querdenker, wenn sie in heiklen Themengebieten recherchieren, über die man sonst nur mühsam Informationen sammeln kann. In Berlin gibt es im »Haus der Demokratie« sogar eine Anlaufstelle für Menschen, die im ständigen Streit mit der Obrigkeit liegen, weil sie ihre Interessen dort nicht mehr vertreten sehen[27] – und womöglich recht haben.

Andererseits jammern die Gerichte, wenn mal wieder ein Prozesshansel eine seitenlange Klage einreicht, in der es um Lappalien wie einen überhängenden Tannenzweig geht. Oder die Redaktionen, weil sich auf ihren Tischen und in den E-Mail-Ordnern Leserbriefe stapeln, in denen es um ganz besonders wichtige Themen geht, die unbedingt an die Öffentlichkeit gelangen müssen.

Sicher haben auch Sie schon mal von Knöllchen-Horst gehört, dem Frührentner aus Norddeutschland, der in acht Jahren mehr als 30 000 Anzeigen aufgegeben hat (nur nebenbei nachgerechnet, das sind ungefähr zehn am Tag, Wochenende inklusive!), die meisten wegen Falschparkens, unter anderem gegen einen Rettungshubschrauber im Einsatz. Dieser Mann hat sogar schon einen eigenen Wikipedia-Eintrag, er ist quasi prominent, aufgrund seiner Aktionen musste sein Landkreis die Abwasser- und Abfallgebühren neu berechnen. Vielleicht ist er also tatsächlich auch ein Held. Aber wollen Sie im Haus neben Knöllchen-Horst leben? Wir vermuten, eher nicht.

Wo ziehen wir aber die Grenze, wo wird aus Engagement dann letztlich Streitsucht, aus gesundem Gerechtigkeitssinn zwanghafte Pedanterie?

Es gibt einige Kriterien, die darauf hinweisen, dass uns mehr als nur ein kritischer Zeitgenosse gegenübersteht. Wenn mehrere dieser Punkte zutreffen, können Sie davon ausgehen, es mit einem waschechten Querulanten zu tun zu haben:

- Die von dieser Person verfassten Schriftstücke sind seitenlang, eng beschrieben, sehr viele Textstellen sind besonders hervorgehoben (durch Unterstreichung, Fettdruck oder Kursivierung), es gibt haufenweise Ausrufezeichen, dafür kaum eine nachvollziehbare Struktur.

- Diskussionen mit dieser Person enden meist in einem Monolog oder in aufgeregtem Geschrei, ein normales Gespräch über ein heißes Thema, in dem jeder gleichberechtigt zu Wort kommt, ist nicht möglich.
- Die Ich-Bezogenheit dieser Person verhindert, dass Streitgespräche auf einer allgemeinen und sachlichen Ebene geführt werden können, da jedes Gegenargument als persönlicher Angriff gewertet wird.
- Hinter den Dingen, die dieser Person nicht passen, werden gewaltige Verschwörungen gewittert; nach ihrer Theorie ziehen diese unangenehmen Geschichten weite Kreise bis hin in die ganz oberen Instanzen – und fast jeder ist darin verwickelt.
- Die Person macht sich zum absoluten Experten, was das Thema betrifft, ist oft sogar belesener als die eigentlichen Fachleute, zitiert dabei aber immer nur die Beweise, die ihrer eigenen Meinung entsprechen.
- Ständig ist eine solche Person mit einer auffälligen Verbissenheit auf der Suche nach neuen Indizien, die sie für ihre Zwecke nutzen kann. Darauf verwendet sie so viel Zeit und Energie, dass viele andere Dinge, sogar das eigene Wohlergehen, zur Nebensache werden.
- Misstrauen ist die zweite Natur dieser Person, selbst neutrale Reaktionen oder freundliches Entgegenkommen werden uminterpretiert in falsches, hinterhältiges Verhalten, mit dem getäuscht oder sogar angegriffen werden soll.
- Im Umgang mit ihren vermeintlichen Widersachern sind diese Personen nicht gerade zimperlich. Beleidigungen und infame Unterstellungen gehören zu ihren verbalen Waffen,

die sie angeblich nur zur eigenen Verteidigung einsetzen –
da sie sich jedoch permanent angegriffen fühlen, machen sie
häufig Gebrauch davon.

- Die fehlende Verhältnismäßigkeit zwischen Aufwand und
  Nutzen ist dieser Person nicht bewusst. Sie hat jeglichen realistischen Bezug zur Wichtigkeit ihres Anliegens verloren
  und glaubt, dass sich die ganze Welt nur noch um dieses
  eine Thema dreht, weswegen man sich ihm mit allem Einsatz widmen muss.

- Lösungsorientiertes oder kompromissbereites Handeln und
  Denken ist für diese Person nicht möglich, es gibt nur ein
  akzeptables Ergebnis der Auseinandersetzung – und das ist
  die Erfüllung jeglicher Forderungen, alles andere wird als
  grundverkehrt und ungerecht abgetan.

- Darüber hinaus ist es sogar denkbar, dass es für diese Person
  ohnehin keine befriedigende Lösung geben kann, da sie ihre
  Lebensaufgabe eher im Streit und nicht in der Versöhnung
  sieht.

Wahnsinnig?

Der Begriff Querulant leitet sich aus dem lateinischen Wort *queru-
lus* ab, was so viel bedeutet wie klagen, wimmern, sich beschweren.
In psychologischen Fachkreisen werden Querulanten als miss-
trauische, kränkbare, nörgelsüchtige, dabei jedoch höfliche und
sensible Persönlichkeiten definiert, die sich jedem vernünftigen Vorschlag widersetzen, sich ständig über falsches Verhalten
anderer beklagen, sich leicht erregen und stets mit den gegebenen Verhältnissen unzufrieden sind.[28] Man beruft sich dort sogar
auf eine hochoffizielle Typologie, die unsere Spezies in Rechts-,
Karriere-, Renten-, Ehe-, Haft- und Kollektivquerulanten[29] glie-

dert, je nachdem auf welchem Gebiet sie sich über alle Maßen engagiert.

Woran es diesen Menschen oft völlig zu mangeln scheint, ist die Fähigkeit, sich auch mal an etwas zu erfreuen. Eine umfassende Lustfeindlichkeit spiegelt sich auf vielen Ebenen wider, beispielsweise fehlt ihnen der Sinn für Humor, Behaglichkeit und Genuss. Sie legen relativ wenig Wert auf ihr Aussehen, die Einrichtung ihrer Wohnungen oder gutes Essen. Das ist alles absolut nebensächlich angesichts der vermeintlich himmelschreienden Ungerechtigkeit, die sie bekämpfen müssen.

Da kann die Sonne scheinen, die Stimmung gut, die Musik nett und der Tag einem wohlgesinnt sein, dem Querulanten passt es trotzdem wieder einmal hinten und vorn nicht.

So wie bei der Frau in dem gemütlichen Gartencafé, die sich über die Tomatenendstücke in ihrem Omelett derartig aufregen kann, dass sie daraus lautstark und scheinbar völlig übertrieben eine Riesenverschwörung der Gastronomie gegen ihre Gäste wittert. Die ist ja wahnsinnig, denken wir. Und tatsächlich gibt es auch den geläufigen Begriff des »Querulantenwahns«, der jedoch in den allermeisten Alltagsfällen übertrieben wäre. Womit wir uns hier beschäftigen, ist zwar wahnsinnig störend, jedoch etwas anderes als eine Wahnerkrankung. Unter Wahn wird eine Veränderung des Realitätsbewusstseins mit nicht korrigierbaren Fehlurteilen über die Wirklichkeit verstanden, oftmals verbunden mit Sinnestäuschungen. Davon sind unsere Querulanten weit entfernt, doch die Grenzen hin zur überwertigen, häufig stark affektbesetzten Idee und einem paranoid wirkenden Zwangsverhalten können durchaus fließend sein. Oft erscheint uns Außenstehenden das Ansinnen der Querulanten dermaßen an den Haaren herbeigezogen, dass es schwerfällt, sie nicht für vollkommen übergeschnappt zu halten.

Wenn eine Frau allen Ernstes behauptet, dass sich die Köche die Mühe machen, den Gästen extra unappetitliche Tomatenstücke unterzujubeln, weil sie sowieso den lieben langen Tag nur tricksen und Böses im Schilde führen, dann denken Außenstehende wie Paula am Nachbartisch: Gegen wen wettert diese Person eigentlich? Gegen die Kellnerin? Gegen die Köche? Gegen das ganze Gaststättengewerbe? Oder sogar gegen die ganze Welt? Der Gegner scheint riesig und mächtig, gleichzeitig aber auch seltsam abstrakt und konturenlos.

Querulanten sind fest davon überzeugt, das ganz große Ziel zu verfolgen – denn damit werten sie sich und ihr Handeln automatisch auf. Gleichzeitig brauchen sie sich vor ihren Kontrahenten kaum zu fürchten, weil diese nicht wirklich fassbar und somit auch unbesiegbar sind. Es geht gar nicht darum zu gewinnen, sondern um den Kampf an sich. Spätestens jetzt beginnt man zu ahnen, dass diese Schlacht eine Stellvertreterfunktion hat und der ganze Wirbel bloß ablenken soll von einem Gefecht, das ganz woanders tobt: im Inneren der Querulanten.

Da, wo normalerweise Wünsche, Sehnsüchte und Begehren ihr Zuhause haben, wurde ein Kampfschauplatz eröffnet, denn die einzige noch fühlbare Leidenschaft des Querulanten ist die Lust am Streiten. Lediglich die Fixierung auf den Streitfall scheint ihn am Leben zu halten. Um welches Thema genau es dabei geht, ist fast nebensächlich, auch gegen wen er sich wendet oder was das große Ziel genau sein soll. Es muss nur irgendwie wichtig erscheinen, am besten weltbewegend. Je imposanter der Zankapfel, desto mehr Aufmerksamkeit wird er auf sich ziehen – und das kleine, verkümmerte, emotional verarmte Menschlein dahinter gnädig verstecken.

Ich! Bin!! Wichtig!!!

Alle Achtung, wir haben es bei unseren Querulanten möglicherweise mit einer Tendenz zu allen vier Ausrichtungen der beschriebenen Persönlichkeitsstörungen zu tun. Sie bilden sogar ein in sich geschlossenes System, greifen ineinander, verstärken sich gegenseitig. Kein Wunder, dass wir den Umgang mit ihnen als besonders anstrengend erleben.

Das narzisstische Wesen ist offensichtlich: »Ich habe einen bedeutenden Auftrag!« Die innere Leere wird durch diesen großen Auftritt gekonnt überspielt. Jeder, der sich dem narzisstischen Querulanten nähert, wird in diese Idee mit eingebunden, ob er will oder nicht. Damit erscheint der Lebenssinn nämlich noch wichtiger.

Die antisoziale Struktur wird erkennbar, wenn der Querulant seine angeblichen Widersacher mit Beleidigungen und Verleumdungen überschüttet. Ihm fehlt die Fähigkeit, sich auch nur minimal in andere hineinzuversetzen und deren Beweggründe zumindest einmal zu überdenken. Derjenige, der sich widersetzt, wird kurzerhand zur Persona non grata erklärt, die es nicht wert ist, anständig behandelt zu werden. Zusätzlich verscherzt es sich der Querulant mit seiner Umwelt, da er dazu neigt, alle Energie in die auserkorene Sache zu investieren. Freunde und Familienmitglieder fühlen sich zu Recht vernachlässigt und wenden sich irgendwann ab. Durch das feindselige, verbissene und zudem spaßfreie Auftreten manövriert sich der Querulant in eine Außenseiterposition – was jedoch vom antisozial eingestellten Querulanten völlig umgedeutet wird: »Die stecken alle unter einer Decke, ganz klar!«

Entweder man ist für oder gegen ihn, dazwischen existiert für den Querulanten nichts – ein Abwehrmechanismus, den wir auch bei der Borderline-Persönlichkeitsstörung finden. Es gibt nur die

Wahrheit (»Die Köche werfen aus Profitgier Reststücke ins Omelett!«) oder die Lüge (»Das Omelett war einwandfrei!«), alles dazwischen ist Blabla (»Wenn in diesem speziellen Omelett wirklich zu viele Tomatenenden gewesen sind, dann war das bestimmt nur ein blöder Zufall …«). Wer sich an meine Seite stellt, ist mein Freund, wer woanders steht, mein Feind – und wer sich rauszuhalten versucht, ist entweder dumm oder von meinen Feinden manipuliert.

Damit dieses ausufernd große, wichtige, allumfassende Anliegen des Querulanten entsprechend präsentiert wird, kommt sein histrionisches Potenzial zum Einsatz: Er gefällt sich in der Rolle des mutigen Kämpfers und zieht deswegen alle Register. Querulanten sagen nicht ihre Meinung, sondern schreien sie in die Welt hinaus – verbal oder auch in schriftlicher Form. Der große Auftritt scheint ihrem Anliegen angemessen, also schrecken sie nicht vor übertriebener Theatralik zurück. Die Frau an Paulas Nebentisch hätte ihre Beschwerde genauso gut sitzend und in diskreter Lautstärke vorbringen können, doch ohne Publikum wären Sinn und Zweck völlig verfehlt gewesen.

Ich bin im Recht!

Mit einem Querulanten zurechtzukommen ist kein Zuckerschlecken. Viele nahe Angehörige stehen irgendwann vor der Entscheidung, mitzukämpfen oder zu gehen. Denn leider ist die Option, sich einfach aus allem herauszuhalten, nicht im Angebot. Es gibt nur dafür oder dagegen.

So entwickeln sich insbesondere die Lebenspartner oft zu Ko-Querulanten, sie bringen die Stapel von Beschwerdebriefen zur Post oder verteilen massenweise Protestplakate. Wenn man sie nach ihrer Meinung fragt, machen sie zwar den Mund auf, doch es kommen nur die Worte des anderen heraus, fast als habe er sich und seine Ansichten in ihrem Wesen implantiert. Traurigerweise ist diese Art von Selbstaufgabe die einzige Möglichkeit, um es an der Seite eines solchen Menschen auszuhalten. Wer das nicht kann oder will, der muss höchstwahrscheinlich einen Schlussstrich ziehen und sich davonmachen. Tatsächlich finden wir unter den querulatorisch Zwanghaften überwiegend allein lebende, oft sehr isolierte Sonderlinge.

Betrachtet man das ganze Theater aus sicherer Entfernung – so wie Paula am Nebentisch völlig unfreiwillig zum Publikum wurde –, muss man dennoch auf der Hut sein, sich nicht in das System des Querulanten zu begeben, sei es als »Mitstreiter« oder »Gegner«. Angenommen, Paula wäre wirklich aufgestanden und hätte die Rechnung der Nörglerin mit einem kessen Spruch auf den Lippen bezahlt, wäre die Situation kaum erträglicher geworden. Höchstwahrscheinlich hätte die Querulantin diese provokante Geste wiederum zum Anlass genommen, noch lauter und ausschweifender zu agieren.

Doch tatenlos zuzusehen, wie eine unschuldige Person heruntergeputzt wird, ist natürlich schwer zu ertragen. Streitsüchtige fordern uns heraus, sie sprechen unseren Rechtfertigungswunsch an, wir wollen beweisen, dass wir ganz genau wissen, was richtig oder falsch ist. Das dürfen wir auch – jedoch sollte dies dem Querulanten verborgen bleiben, sonst ufert das Ganze wieder unnötig aus. Am besten hätte Paula die Kellnerin ganz diskret an ihren Tisch gebeten und ihr ihre moralische Unterstützung zugesichert: »Ich finde, Sie verhalten sich vorbildlich! Sollte diese Schreckschraube dennoch Ärger bei Ihrem Chef machen, dann können Sie sich auf mich berufen, hier haben Sie meine Karte.«

Aber was ist, wenn wir selbst vom Querulanten als »Feind« auserkoren wurden? Wenn die seitenlangen Briefe auf unserem

Schreibtisch landen, wir seine Telefonnummer mehrmals täglich auf dem Display aufleuchten sehen, er uns um den wohlverdienten Frieden bringt?

Die Neigung, Querulanten einfach nachzugeben und ihnen ihren Willen zu lassen, ist groß, weil die Auseinandersetzung anstrengend und aussichtslos zu sein scheint. Sie kostet unglaubliche Energie, in vielen Gerichten gibt es Sachbearbeiter, die sich mit nichts anderem beschäftigen als der Streithammelkorrespondenz. Einige tapfere Richter versuchen, es positiv zu sehen: Auf diese Weise können Sie sich mal wieder eingehend mit den Gesetzestexten auseinandersetzen, selbst auf die Gefahr hin, dass jeder genannte Paragraf mit zwei anderen umgedeutet werden kann, wenn man es nur will. Weil es das, was der Querulant so vehement einfordert, eben nicht gibt: die absolute Gerechtigkeit. Das persönliche Rechtsempfinden ist immer rein subjektiv, aber einem Querulanten fehlt es an diesem Punkt an Einsichtsfähigkeit, ihm geht es ohnehin einzig darum, Recht zu bekommen, weil er recht hat. Selbst wenn wir wollten, könnten wir seine Wünsche niemals erfüllen. Er wird nie zufrieden sein, aber das hat mit uns nichts zu tun.

Was können wir also tun? Zunächst auch hier die erste Empfehlung: Geben Sie sich selbst Empathie. Sie fühlen sich gestört, genervt, verärgert und möglicherweise verunsichert. Dann formulieren Sie Ihr Bedürfnis, was brauchen Sie? Sie brauchen Ruhe ohne Störung, vielleicht brauchen Sie gutes Einvernehmen und Klarheit. Eine Möglichkeit besteht darin, sich mit anderen Betroffenen zusammenzutun, um sich gegenseitig in der eigenen Wahrnehmung zu bestätigen. Gerade wenn der Querulant sehr überzeugend seine Ideen vorträgt, kann es leicht geschehen, dass jemand ins Zweifeln gerät und in das System mit hineingezogen wird. In der Gruppe kann man die Relationen am ehesten gerade rücken und die nötige

Gelassenheit wiederfinden. Sichern Sie sich gegenseitig zu: Wir tun unser Bestes, wir führen nichts Schlimmes im Schilde, wollen niemandem schaden und haben ein Recht auf eine eigene Ansicht.

Möglicherweise passiert dann genau das, was der Querulant zuvor prophezeit hat – »Die verbünden sich alle gegen mich!« –, doch diesen Schuh brauchen Sie sich wirklich nicht mehr anzuziehen, denn Sie gehen den nächsten Schritt, und das bedeutet: Jetzt geben Sie Ihrem Gegenüber Empathie. Was ist das Bedürfnis hinter all seinen Klagen? Die Klage ist ja mehr als nur ein rechtlicher Begriff, dahinter steht das Wehgeschrei über ein erlittenes Unrecht. Die Tatsache, dass der Querulant hundert-, tausendfach Beschwerde führt, gewissermaßen in einer Endlosschleife des Beschwerens gefangen ist, könnte darauf hindeuten, dass der Klagegrund am eigentlichen Weh vorbeigeht.

Dies erinnert an den Mann, der unter einer Laterne seine Kontaktlinsen sucht. Ein Passant, der ihm hilft, fragt nach einer Weile, ob er sie denn ganz sicher an dieser Stelle verloren habe. Er antwortet: »Nein, verloren habe ich sie weiter hinten, aber dort ist es so dunkel.«

Es kann viele Gründe oder ein einziges Trauma geben, weshalb sich die Störung entwickelt und verfestigt hat. Und oft scheint es dem Betroffenen schlichtweg unmöglich, sich um seine eigentliche Verwundung zu kümmern. Vielleicht macht ihm der Gedanke, in sich – also im »Dunkeln« – nach etwas zu suchen, sehr große Angst. Das ewige Klagen ist ein folgerichtiges Symptom, das ihm Halt gibt: Ich weiß nicht, was in mir drinnen so wehtut, ich will es auch lieber gar nicht wissen, aber weil ich mich trotzdem so schlecht fühle, beklage ich mich über etwas völlig anderes, das tut mir gut. Wenn Sie also wahrhaftig mit einem Querulanten umgehen wollen – oder müssen –, machen Sie ihm deutlich, dass Sie ihn gerne verstehen wollen, es aber nicht können. Und dass Sie, um Ihr eigenes Bedürfnis nach Ruhe und Klarheit zu erfüllen, Schutz vor seinem Verhalten brauchen.

Die Radfahrer

Wer die Freiheit aufgibt, um Sicherheit zu gewinnen,
wird am Ende beides verlieren.

Benjamin Franklin

Endlich, der Samstag beendet eine ziemlich stressige Arbeitswoche! Marianne, Verwaltungsfachfrau eines Parteibüros, war noch schnell einkaufen und dann dieser Schreck: Sein Porträt hängt an jeder dritten Straßenlaterne, und Marianne muss wirklich aufpassen, dass sie in den nächsten Wahlkampfwochen keinen Unfall baut, wenn sie ständig diesen Plakaten ausgesetzt ist.

Er grinst und trägt einen Umzugskarton, was ihn dynamisch wirken lässt. Udo Hebbelt – ein Kandidat, der es packt! Bei diesem Spruch wird ihr fast übel.

Heute Morgen gab es im Tageblatt auch wieder eines dieser unsäglichen Interviews, wo Passanten gefragt werden, wem sie bei der nächsten Landtagswahl ihre Stimme geben. »Ich werde wieder Udo Hebbelt wählen. Er hat in den letzten Jahren so viel für unsere Stadt getan!« Es folgen Beispiele: Er hat Schwimmbäder modernisiert. Er hat Kinderkrippenplätze geschaffen. Er hat Fußgängerampeln installieren lassen. Er hat …, er hat …, er hat!

Vor allem, findet Marianne, hat Udo Hebbelt nur eins gemacht: Stress!

»Menschenskinder, Frau Reisig, es kann doch nicht so schwer sein, den Vorsitzenden an die Strippe zu kriegen, sind Sie wirklich so un-

fähig, oder tun Sie nur so?«– »Frau Reisig, frischen Kaffee, aber zack zack!« – »Frau Reisig, hatte ich heute Morgen nicht die komplette Übersicht über die Wahlkampfveranstaltungen verlangt? Wo bleibt die, verdammt noch mal!«

»Aber Herr Hebbelt, Sie wissen schon, dass wir kaum Personal zur Verfügung haben.«

»Dann organisieren Sie Ihre Abteilung in Zukunft eben effektiver! Man muss nur wollen!« Nach diesen Worten hat er ihr eine Spur zu fest auf die Schultern geklopft und anschließend die Tür laut hinter sich zugeknallt.

Und Marianne saß da, der Hals zugeschnürt, der Mund trocken, die Hände zitternd auf dem riesigen Stapel Papier, den sie erst zu einem Drittel durchgearbeitet hat. Das ist zwar schon Freitagmittag passiert, wirkt aber trotzdem bis jetzt nach. Obwohl sie anschließend bis acht Uhr abends gearbeitet und die geforderten Unterlagen entsprechend geliefert hat, graut ihr schon jetzt vor der Begegnung am Montag. Er wird wieder einen Grund zum Schikanieren finden, hundertprozentig!

Sie weiß, warum Hebbelt sich gestern dermaßen aufgeregt hat. Kurz davor hat er nämlich einen Anruf von der Ministerin bekommen, die ist auch selten zimperlich in ihrem Umgangston, besonders im Wahlkampf. Die Prognosen für ihren Wahlkreis lassen wohl zu wünschen übrig, da wird ordentlich Druck gemacht. Klar, die Verantwortung für das hiesige Wahlergebnis trägt Hebbelt – zumindest für ein schlechtes.

Immer wenn Marianne ein solches Telefonat zu Hebbelt durchstellt, muss sie sich kurz darauf warm anziehen. Dann sucht er sich gewohnheitsgemäß das erstbeste Büro, in dem er Dampf ablassen kann. Und ihr Zimmer liegt genau neben seinem …

Da, wieder ein Plakat: Udo Hebbelt – ein Kandidat, der Tempo macht! Dieses Mal lächelnd in Sportkleidung und auf dem Fahrrad.

Na, das passt ja, denkt Marianne. Nach oben buckeln und nach unten treten! So kennt sie ihren Chef.

Tempo macht der nur, wenn es darum geht, andere mit Arbeit totzuschlagen. Er sorgt für einen ständig übervollen Schreibtisch, der niemals abzuarbeiten ist, weil immer wieder neue Marschbefehle auf dem Stapel liegen. Wie sie das schaffen soll? Ist ihm doch egal. Hauptsache, die Sache ist in einer Stunde erledigt. Marianne hat ihren Job früher sehr gern gemacht. Inzwischen fühlt sie sich oft schon zu blöd, den Locher zu bedienen.

Was ist der Dank? überlegt Marianne. Wieso mache ich bei dem ganzen Mist mit, versuche immer wieder, es doch irgendwie hinzubekommen – nur damit Hebbelt bei der Ministerin punktet? Die Lorbeeren erntet er, die Kopfschmerzen kriegen die anderen.

Auch wenn es kaum einer offen ausspricht, Marianne ist sicher, vielen ihrer Kollegen geht es ganz genauso. Die Aussicht, dass dieses Arschloch noch eine weitere Legislaturperiode auf dem Sitz im Landtag hockt und sich von seinem »Fußvolk« bedienen lässt, ist für die allermeisten eine Horrorvision. Weitere fünf Jahre mit einem Mann, neben dem jeder Galeerenkapitän friedensnobelpreisverdächtig gewirkt hätte.

Das dritte Plakat ist dann einfach zu viel. Marianne fährt rechts ran und steigt aus. Das darf doch nicht wahr sein. Dieses Mal hat das Arschloch strahlend die Arme ausgebreitet wie der Papst, Urbi et Orbi. Udo Hebbelt – ein Kandidat für alle. Das ist mehr als genug.

Sie geht zum Kofferraum, durchsucht die Wochenendeinkäufe, findet den Karton. Klatsch – das Ei trifft Hebbelt direkt in seine dämliche Visage. Sie zielt erneut auf das Plakat. Klatsch – der nächste Dotter tropft nun am Schriftzug der Partei herunter. Gut, sie wird morgen auf das Frühstücksei verzichten müssen, aber das ist es Marianne wert. Es tut so gut! Klatsch! Klatsch!

Nach oben buckeln, nach unten treten

Das Bild des Radfahrers für Menschen, die sich wie Udo Hebbelt verhalten – also nach oben buckeln und nach unten treten –, hat zuerst Kurt Tucholsky, einer der bedeutendsten Publizisten der Weimarer Republik, in seiner Rezension von Heinrich Manns Roman *Der Untertan* verwendet. Er beschreibt die Hauptfigur, den einerseits kriecherischen, andererseits despotisch auftretenden Diederich Heßling folgendermaßen:»… der untertänig und respektvoll nach oben himmelt und niederträchtig und geschwollen nach unten tritt, der Radfahrer des lieben Gottes …«

Selbst hundert Jahre nach seinem Ersterscheinen ist dieser Roman brandaktuell: Es gibt eine Menge Menschen, die so strukturiert sind wie der von Heßling repräsentierte Typus.

Radfahrer

– auch bekannt als Speichellecker, Biedermann, Schleimer, Streber und Opportunist, jedoch nur in Verbindung mit Krachmacher, Gebieter, Omnipotenzprotz.
– wirken auf den ersten Blick oft zielstrebig, ehrgeizig, tatkräftig.

Was führt dazu, dass Menschen sich in ihrem Verhalten nach einer Person oder Institution richten und sich ihr unterordnen? In der römischen Antike unterschied man zwischen *auctoritas* und *potestas*.

Auctoritas wird umschrieben mit »Würde«, »Ansehen« und »Einfluss«, steht also für freiwillige Akzeptanz einer sozialen Positionierung. Man möchte einem Menschen unterstellt sein, weil dieser über das nötige Wissen, die richtige Ausstrahlung und eine besondere Weisheit verfügt. Gern folgt man seinen Anweisungen, da man diese für sinnvoll und durchdacht hält. *Auctoritas* wird also nicht durch ein Amt oder einen Titel erlangt, sondern liegt allein in den persönlichen Eigenschaften und Fähigkeiten der betreffenden Person begründet.

Potestas hingegen steht für »Macht«, »Vollmacht« und »Möglichkeit«. Hier wird eine Form von Autorität beschrieben, die auf einer Verfügungsgewalt gründet. Dem Gebieter muss gefolgt werden, nicht weil man an ihn und seine Ziele glaubt, sondern nur weil er die Befugnis dazu hat – durch eine Vollmacht, einen Adelstitel, Erbe oder die entsprechende Position. Unabhängig davon, ob es sich dabei um eine fähige Führungskraft oder eine echte Pappnase handelt.

Würden alle Menschen diese kleine, aber feine Unterscheidung vornehmen, wäre die Arschloch-Fraktion, die wir Ihnen jetzt vorstellen wollen, weniger gut aufgestellt.

Denn im Grunde genommen basiert das Verhalten des Radfahrers auf einem gewaltigen Missverständnis: »Wenn ich mich aufführe wie ein Mensch mit Macht und Einfluss, dann bin ich auch einer!« Pustekuchen, das stimmt natürlich nicht. Wahre Autorität kann erlangt, aber niemals erzwungen werden. Doch wir müssen zugeben, in sehr vielen Firmen, Vereinen, Organisationen und auch Familien wird einem ein anderes Verhalten eingetrichtert. Wer seinen Vorgesetzten nach dem Mund redet, ihre Wünsche erfüllt (auf gut deutsch richtig rumschleimt) – im Gegenzug aber die Untergebenen mit Miss- oder Verachtung behandelt, scheint die Karriereleiter schnell und sicher zu erklimmen. Und wer dies nur lange genug beobachtet, wird es irgendwann als ultimatives Erfolgsrezept abspeichern und dabei mitmachen: »Wenn ich mich wie mein eigener Chef gebärde, dann werde ich ihm ähnlich und irgendwann selbst an seiner Stelle stehen.«

Genau das ist das Besondere an dieser Spezies: Die Radfahrer-mentalität scheint als Muster bei sehr vielen Menschen angelegt zu sein, entfaltet sich jedoch nur allmählich, und zwar sobald man mit anderen Menschen in Verbindung kommt, die es genauso machen, weil es die Umstände erlauben. Man könnte fast meinen, dieses Verhalten sei ansteckend.

Wie aber wird man zum Bestandteil einer solchen Unterdrückungsmaschinerie? In der psychoanalytischen Theorie wird es so erklärt: Der autoritäre Typus ist im Grunde ein schwaches Ich-Subjekt, dem es nicht gelingt, die rigiden Forderungen des Über-Ich mit den eigenen Triebwünschen in Einklang zu bringen.[30] Die Folge ist eine projektive Verschiebung der eigenen Bedürfnisse auf andere.

Praktisch bedeutet dies, dass solche Menschen im Grunde alles »richtig machen«, ordentlich, fleißig und gesetzestreu handeln (hier regiert das Über-Ich), gleichzeitig aber alles Schwache und von den Regeln Abweichende verachten, weil es sie an ihre eigenen Bedürfnisse erinnert. Sie wollen perfekt funktionieren, sind aber eben auch nur Menschen mit den üblichen Macken. Und weil das so schwer in Einklang zu bringen ist, müssen sie andere dafür »bestrafen«, wenn diese sich »Schwächen leisten«, die der Radfahrer sich selbst unter Aufbietung aller Kraftreserven verbietet.

Schauen wir uns mal die typische Karriere eines Radfahrers an: Naturgemäß beginnt er ganz unten, wird also von denen, die über ihm stehen, getreten. Egal wie er es anstellt, es gibt kaum Lob, dafür aber jede Menge Ärger. Sein Selbstbewusstsein geht an Krücken. Irgendwann muss er sich entscheiden: Mache ich das länger mit?

Es gibt zwei Methoden für ihn, die Situation zu verbessern: Entweder sucht er das Weite oder er beginnt, sich mit denen »da oben« gut zu stellen, damit es weniger Ärger gibt. Ab diesem Moment muss er jedoch auf einiges verzichten, zum Beispiel auf eine eigene Meinung, einen geregelten Arbeitstag oder die gesunde Portion Stolz.

Eines schönen Tages zahlt sich die Schmeichelei aus, und er wird befördert! Sofort stellt sich seine Position anders dar, denn es gibt jetzt nicht nur »die da oben«, sondern auch die Untergebenen. Das Fatale: Früher hat er zu ihnen gehört, war auch einer von denen, die für die Drecksarbeit mies bezahlt wurden. Die Erinnerung daran ist unerträglich, also beginnt er, alles und alle, die mit seiner Vergangenheit zu tun hatten, zu verachten. Und das kann er am deutlichsten demonstrieren, indem er sie von nun an schikaniert. Nach oben gerichtet bleibt er natürlich seiner Methode treu und biedert sich bei den Vorgesetzten an – bis zum nächsten Schritt auf der Karriereleiter. Bis er noch mehr Leute unter sich weiß, die er mit Füßen treten kann. So wie er selbst einmal getreten worden ist.

Von diesem Phänomen reden wir, wenn wir behaupten, die Radfahrermentalität sei ansteckend. Ein System wie dieses hält sich selbst am Laufen, die Betroffenen werden, sobald sich ihnen die Möglichkeit bietet, genauso schlimm wie ihre Peiniger – und lassen andere leiden, die dann wiederum mit allen Mitteln danach streben, weiter nach oben zu kommen.

Das A und O der Hierarchien

Funktionieren kann ein solcher Kreislauf besonders gut in Hierarchien, also in Organisationen, die wie eine Pyramide aufgebaut sind: Einer steht an der Spitze und befiehlt einer überschaubaren Anzahl ihm direkt Unterstellter. Diese wiederum tragen die Verantwortung für eine Gruppe und so weiter. Eine solche Struktur hat fast schon etwas Mathematisches, sie ist fest geregelt und bietet jedem einen klar zugewiesenen Platz. Man muss sich nicht den Kopf zerbrechen, etwas falsch zu machen, wenn man sich brav an die Anweisungen und Regeln hält. Tut man es nicht, wird man bestraft, aber dann weiß man, wofür. Klare Muster wie diese vermitteln den Eindruck von Stabilität und Rechtmäßigkeit, man weiß also, woran man ist.

Im Tierreich hat sich diese Form des Zusammenlebens etabliert: Das Alphatier sagt, wo es langgeht, die anderen ziehen mit. Ganz am Ende folgen die vielen, vielen Omegatiere, die zwar nichts zu melden haben und immer nur die Überreste des Futters abbekommen, aber keine Entscheidungen darüber treffen müssen, was im Sinne des ganzen Rudels am besten zu tun und zu lassen ist. Jedoch ist der Platz an der Spitze begehrt, der Kampf darum macht alle anderen zu Konkurrenten. Das beste Futter, den Zugang zu den Weibchen, darum kämpfen die jüngeren Männchen des Rudels und messen ständig ihre Kräfte mit dem Leittier. Erlahmen dessen Kräfte, was bei so viel Verantwortung und internen Machtkämpfen irgendwann der Fall sein wird, droht unwillkürlich die Niederlage. So grausam dies klingen mag, letztlich dient dieses Modell einzig und allein dem Arterhalt.

In gewisser Weise ist dies bei Organisationen ähnlich: Es geht um die Behauptung auf dem Markt. Und die Droge, die den Apparat in Gang hält, heißt Macht. Ich sage, was getan wird! Ich bestimme, wie wir es machen! Und es liegt in meinem Ermessen, welche Meinungen richtig oder falsch sind! Dass diese andauernden Machtkämpfe dem Arbeitsklima schaden, wird oft ausgeblendet, doch in einer Atmosphäre, in der ich jederzeit mit Angriffen der Konkurrenten rechnen muss und gleichzeitig die »Verlierer« des Kampfes als Mahnmal vor der Nase habe, kann keine Atmosphäre von Vertrauen und Teilhabe entstehen. »Wer mit den Wölfen fressen will, muss mit den Wölfen heulen!«

Natürlich gibt es Unterschiede zwischen der bürokratischen Hierarchie und dem Machtgefüge in der freien Wirtschaft, doch in einem sind sie sich gleich: Es gibt kaum Platz für Freidenker und nur wenige Möglichkeiten, über die eigene Ebene hinaus zu kommunizieren – auf den Punkt gebracht: Hierarchische Systeme arbeiten bestimmt effektiv, doch wenig kreativ. Dafür bieten sie vielen Menschen eine Form von Sicherheit und Komfort. Wer den Druck der Verantwortung, die mit der Gestaltungsmacht einhergeht, scheut, der schätzt es, Befehle und klare Handlungsanweisungen zu befolgen. Daran ist auch nichts verwerflich. Würde jeder in einer Firma seine Individualität in den Vordergrund stellen und ständig neue Ideen diskutieren wollen (am liebsten noch mit dem obersten Chef persönlich), käme die Arbeit nur sehr zäh voran.

Nicht jeder ist gut aufgehoben in einer Hierarchie, aber diejenigen, die sich in diesem Konstrukt wohlfühlen, weil eine Befehlsgewalt ihnen die Eigenverantwortung abnimmt, sie sich auf ihre Position festlegen können und keine Selbstfindung mehr betreiben müssen, die suchen sich besonders gern eine Umgebung, die kontrollierbar ist, in der es ein eindeutiges Gefälle von oben nach unten gibt. Die meisten Radfahrer tummeln sich also in eher autoritär geführten Firmen, oft Familienunternehmen in der x-ten Generation, Behörden, Konzernen, Kirchen, beim Militär – und in der Politik.

Dass Udo Hebbelt, der Strahlemann von den Wahlplakaten, sich ausgerechnet für eine Parteikarriere entschieden hat, ist natürlich kein Zufall. Ein Mann wie er braucht eine Art Skala, an der er sich messen lassen kann. Nur so weiß er, wo er überhaupt im Leben steht.

Udo Hebbelt tritt zwar auf wie das personifizierte Selbstbewusstsein, doch dazu benötigt er auch ein ziemlich tragfähiges Fundament. Seine ganze Möchtegernpersönlichkeit basiert nämlich auf dem, was er nicht mehr ist und was er hinter sich gelassen hat: die Anfangsjahre in der Jugendorganisation beispielsweise, als er stundenlang bei Wind und Wetter auf Wochenmärkten Luftballons für die Partei verteilen durfte und die großen Vorbilder, die nur für zehn Minuten vorbeischauten, ihn dann von oben herab behandelten und sich über den kalten Kaffee beschwerten. Das ist lange, lange her, damit will er nichts mehr zu tun haben. Oder die erste Kommunalwahl, als er auf dem vorletzten Listenplatz nur achtzehn klägliche Stimmen erhielt (zwölf davon aus der eigenen Familie), auch eine Schmach, die er lieber vergessen möchte. Udo Hebbelt hat oft einen auf die Mütze bekommen, aber trotzdem weitergemacht. Eines kann er ja wirklich gut: reden! In erster Linie dem Parteivorsitzenden nach dem Mund, was ihn irgendwann auf die besseren Listenplätze brachte, aber auch sonst liegt es ihm, einen tatkräftigen und bestimmenden Eindruck zu hinterlassen, wenn er seine Ansprachen hält. Das ist seine Stärke, daran arbeitet er eifrig, denn ganz ohne Talent kommt niemand weiter, da kann man den hohen Herren noch so sehr in den Sie-wissen-schon kriechen …

Udo Hebbelt weiß genau, wohin er will, nämlich möglichst weit nach oben. Und er weiß, mit wem er möglichst nicht mehr in Zusammenhang gebracht werden will, nämlich mit »denen da unten«, mit Frauen wie Marianne Reisig, die seinen Schreibkram zu erledigen hat. Er muss ihr regelmäßig demonstrieren, dass er ihr haushoch überlegen ist, damit die Rangordnung klar und deutlich wird. Und weil es praktisch ist, an ihr seinen Frust loszuwerden, wenn die Ministerin mal wieder gezickt hat. So kann er die unangenehmen Erlebnisse wie ein Blitzableiter weitergeben und braucht sich nicht mit irgendwelcher Kritik zu beschäftigen. Der eigentlich notwendige Reifeprozess, aus negativen Beurteilungen einen

Nutzen zu ziehen und sich weiterzuentwickeln, wird abgebrochen – zu dieser Einsicht werden Menschen wie Udo Hebbelt nicht gelangen.

Sie setzen sich nicht gern mit sich und ihrem Leben auseinander beziehungsweise: Sie lassen lieber leben, als selbst die Initiative zu ergreifen. Deswegen suchen sie gern die Nähe von Autoritäten, die ihnen als Vorbild dienen können. So brauchen sie keine eigenen Ideen zu entwickeln und sich nicht zu überlegen, wer sie eigentlich sind und wohin sie wollen. Ihre Talente stellen sie dermaßen ins Rampenlicht, dass ihre Unzulänglichkeiten im Schatten verschwinden. Handlungen zu reflektieren, etwas dazuzulernen, sich zu entwickeln, ist für Radfahrer nicht attraktiv. Es gibt nur Können und Nichtkönnen. Gut und Schlecht. Sieger und Verlierer, Schwarz und Weiß.

Die Welt setzt sich aus zwei Ebenen zusammen: Das Unten – da kommt er her – und das Oben – da will er hin. Aber was ist mit dem Jetzt und Hier? Da tobt für ihn der Konkurrenzkampf.

Radfahrer? Einfach die Luft rauslassen!

Man begegnet ihnen nicht nur auf beruflicher Ebene, getreten und gebuckelt wird im Grunde überall, wo es etwas zu verteilen gibt. Angefangen in der Familie, wo die Geschwister einen Kampf ausfechten, wer die Liebe und Aufmerksamkeit der Eltern für sich gewinnen kann. Oder im Freundeskreis, wo sich fast unsichtbare Hierarchien bilden können, die festlegen, wer das Sagen hat, wer beliebt oder berüchtigt ist.

Das kann ziemlich unangenehm werden, und zwar nicht nur für diejenigen, die die Tritte abbekommen, sondern für alle Beteiligten. Natürlich gibt es auch Vorgesetzte, die es gar nicht schätzen, wenn Mitarbeiter sich untereinander mobben, um besser dazustehen. Auch Lehrer mögen meistens weder Petzen noch übertriebene Streber. Zum Glück!

Wie aber soll man reagieren, wenn man von einem Menschen einerseits umschmeichelt wird, andererseits jedoch mitbekommt, wie doppelgesichtig er agiert?

Sobald wir erkennen, dass die Freundlichkeit des Untergebenen nur gespielt ist, wird sie bedeutungslos. Genauso unecht ist übrigens auch die Unfreundlichkeit, mit der er den anderen begegnet. Weder die Komplimente noch die Beleidigungen kommen von Herzen. Sie haben im Grunde nichts mit dem Menschen zu tun, an den sie gerichtet sind, sondern ergeben sich ausschließlich aus der Position des Absenders. Wenn Sie sich das bewusst machen, wird es Ihnen leichter fallen, das Verhalten des Radfahrers zu ertragen.

Wie aber können Sie die Situation für sich erträglicher gestalten und dem Radfahrer sprichwörtlich die Luft rauslassen, damit er auf diese Weise nicht mehr vorankommt?

Am leichtesten hat es der, zu dem der Radfahrer aufblickt. Da er eine Autoritätsperson ist, kann er so etwas wie eine klare Anweisung zur Freundlichkeit erteilen: »Ich dulde es nicht, dass in meiner Firma Mitarbeiter beschimpft werden. Jeder, der das tut, handelt somit auch gegen mich. Und den Honigtopf, mit dem Sie mir ständig um den Bart gehen, können Sie auch zu Hause lassen!« Das kann durchaus schon reichen. Natürlich können Sie auch versuchen, den Radfahrer in einem Gespräch von Ihrer Meinung zu überzeugen. Er wird Ihnen beipflichten, ja, natürlich, keine Schreiereien in der Firma. Doch sobald sich die Gelegenheit bietet, spätestens bei der nächsten Beförderung, werden diese Einsichten womöglich vergessen sein. Denn es liegt nicht in seiner Natur, sein Verhalten zu hinterfragen und die gewonnenen Erkenntnisse für die Weiterentwicklung der eigenen Persönlichkeit zu nutzen.

Wie soll man reagieren, wenn man auf demselben Level steht wie der Radfahrer – also von ihm als direkter Konkurrent angesehen wird? Dann brauchen Sie sich zwar nicht vor direkten Angriffen zu fürchten, können aber sicher sein, dass er Sie ständig im Visier behalten wird. Wenn Sie feststellen, dass Schleimerei beim Boss gut ankommt, steht es Ihnen frei, es ebenfalls auf der Glitschspur zu versuchen. Das bedeutet ja noch lange nicht, dass Sie auf immer und ewig so weitermachen, und erst recht nicht, dass Sie gleichzeitig Ihre Untergebenen schikanieren müssen. Aber, Hand aufs Herz, wollen Sie wirklich langfristig zu einer Gesellschaft gehören, die so funktioniert? Entweder suchen Sie sich irgendwann einen neuen Lebensmittelpunkt, in dem Ehrlichkeit und Individualität gefragt sind – oder Sie krempeln die Ärmel hoch und versuchen, neue Spielregeln einzuführen.

Am schwierigsten ist es selbstredend für diejenigen, die sich vor den Tritten des Radfahrers in Acht nehmen und in ständiger Furcht leben müssen, überfahren zu werden.

So wie Marianne Reisig, die sich kaum noch ins Parteibüro traut, die den Glauben an sich und ihre Fähigkeiten zu verlieren beginnt und vor lauter Verzweiflung das Foto ihres Vorgesetzten mit Eiern bewerfen muss.

Lange Zeit hat sie ja versucht, es diesem Udo Hebbelt einfach nur recht zu machen. Sein Wunsch ist ihr Befehl gewesen, Überstunden waren kein Thema, über das diskutiert wurde, und sie war immer auf der Hut, keine Fehler zu begehen. Es schien, als sei sie in diesen Wochen nahezu unsichtbar für ihren Chef und Peiniger geworden. Doch Marianne Reisig ist natürlich auch nur ein Mensch, hier und da lief dann doch nicht immer alles glatt, zudem gab es auch öfter Ärger, ohne dass sie sich etwas hatte zuschulden kommen lassen, sondern weil die Ministerin mal wieder angerufen hatte. Die Angst vor Hebbelts Ausbrüchen war nicht gerade förderlich für konzentriertes Arbeiten – und prompt hatte sie vor lauter Nervosität zweimal in einer Woche einen Telefontermin vergessen. Das war der Zeitpunkt, als Marianne für sich feststellen musste, sie kann sich nicht unsichtbar machen.

Also probierte sie es mit Methode zwei, die sie jedoch keinen Monat durchhielt: »Ja, Herr Hebbelt, sehr gern, Sie sehen aber gut aus heute, und Ihre Wahlplakate sind wirklich toll!« Zweifelsohne stimmte diese Schmeichelei ihn milde, und er brüllte deutlich weniger herum. Dafür hatte Marianne aber schreckliche Magenschmerzen und konnte sich selbst kaum im Spiegel betrachten – zudem wurde sie von ihren Kollegen überaus misstrauisch beäugt. Was blieb ihr also übrig? Der Ausbruch aus dem System.

Es passiert nach dem Attentat auf das Plakat. Am nächsten Montag nimmt sie sich fest vor, sich nicht länger zu verbiegen. Weil sie weiß, dass sie allein keine Chance hat, wagt sie zum ersten Mal, in der Kaffeeküche das Thema offen anzuschneiden, wohl wissend, dass es durchaus Kollegen geben wird, die alles brühwarm an Hebbelt weiterleiten. Das ist ihr egal. Es gibt keinen anderen Weg.

»Wie geht es euch, wenn ihr die Plakate überall in der Stadt hängen seht?«, fragt sie in die Runde. Es dauert ein paar Minuten, bis das Gespräch in Gang kommt, aber dann weiß sie, sie steht nicht allein mit ihrem Problem da. Und wenn nur die Hälfte ihrer Abteilung den Mumm besitzt, aus dem Radfahrersystem auszusteigen, dann haben sie eine reelle Chance. Wenn das Fundament der Untergebenen, auf dem ihr Vorgesetzter so herumtrampelt, nun auseinanderbricht, wird er ganz schön auf die Nase fallen. Notfalls kann man sich zu mehreren direkt an die Ministerin wenden … Aber das ist Zukunftsmusik. Als erste Aktion haben alle ihre unbearbeiteten Papierstapel genommen und diese Hebbelt auf den Schreibtisch gelegt.

»Was soll das denn?«, fragt Hebbelt.

»Das ist unsere unerledigte Arbeit.«

»Was stehen Sie dann hier so rum? Setzen Sie sich an Ihre Plätze und legen Sie los.«

»Wir schaffen es nicht.« Da hat Hebbelt schon sparsam geguckt. Also hat Marianne auf eines der Wahlplakate gezeigt, die unübersehbar in seinem Büro hängen. »Wir freuen uns, dass Sie in den Umfragen so weit vorn liegen. Wir sehen, Sie haben hohe Ziele und sind auch gern bereit, Sie als Ihr Team dabei zu unterstützen. Doch momentan kommen wir zu nichts, weil die Arbeit einfach zu viel ist. Bitte sagen Sie uns, welche Aufgaben für Sie besondere Priorität haben, dann werden wir uns darauf einstellen.«

Geben Sie dem Radfahrer die Bestätigung, dass er in seiner Position gut aufgehoben ist. Machen Sie deutlich, dass er seine Ziele nur erreichen kann, wenn Sie ihm diese Position weiterhin ermöglichen. Sollte er jedoch beleidigend werden, so rufen Sie sich in Erinnerung, dass alles, was er gegen Sie sagt, nichts mit Ihnen persönlich zu tun hat. Er ist – im Gegensatz zu Ihnen – nicht in der Lage, sich mit diesen Dingen auseinanderzusetzen.

Mit dieser Sicht sind Sie Ihrem Vorgesetzten deutlich überlegen.

Die Schnorrer

Im Talmud steht geschrieben: »Wer veranlasst, ist größer als wer ausführt.« Darum ist der Schnorrer, der die gute Tat bewirkt, noch größer als jener, der sie vollbringt.

Israel Zangwill, »Der König der Schnorrer«

Wir sitzen in Ginas Raum und warten. Abgemacht war siebzehn Uhr. Jetzt ist es bald halb sieben.

Langweilig ist es uns nicht, wir lassen die Zeit Revue passieren. Die Zeit mit Gina. Zwei Jahre bewohnte sie das Zimmer mit Balkon, Südseite, Parkett – es hat mehr als zwanzig Quadratmeter. Damals, beim Einzug in unsere WG, hatte sie darauf bestanden. Sie bräuchte Platz zum Leben. Wir haben das eingesehen.

Gina war echt was Besonderes, ihre ganzen Hobbys, ihre Liebschaften, ihre Partys, ja, sie hat Stimmung in die Bude gebracht, das musste man ihr lassen.

»Eine SMS«, sagt Volker. »Gina schreibt, sie hat Kopfweh und kommt später.«

Wir schauen uns um. Fliederfarbene Wände. Auch für die Farben in der WG war diese Frau zuständig, ohne Gina wären alle Ecken weiß geblieben.

»Wisst ihr noch, als wir hier in einer Spontanaktion alles bepinselt haben?« Wir lachen kurz. »Ein ganzes Wochenende haben wir geopfert. Tapeten runter, Raufaser drauf, dann streichen – in dieser scheußlichen Farbe, ich dachte, ich werde bekloppt von dem Lila.«

»Aber Gina meinte, sie bräuchte das gegen ihre Depressionen.«

»Hat es was geholfen?«, gibt Volker zu bedenken.

»Damals war sie zu fertig, selbst zum Pinsel zu greifen, wisst ihr noch?«

»Sie ist stattdessen in die Sauna gegangen, weil sie sich endlich mal wieder etwas Gutes gönnen musste.«

Beate grinst. »Als sie wiederkam, fand sie, Grün wäre vielleicht doch noch eine Spur positiver für ihre Seele gewesen.«

»Ja ja, Ginas Seele.«

Wir schweigen. In diesem Zimmer wurde schon so viel geredet. Nächtelang. Über Gina natürlich. Gina und ihren fiesen Professor. Gina und ihre peinigenden Depressionen. Am häufigsten über Gina und ihren On-off-Freund Jannik. Immer wieder. Dass er sie nicht genug unterstützt, dass er eventuell untreu ist, dass sie nicht auf ihn zählen kann, wenn sie ihn braucht, dass er ein richtiger Mistkerl ist, jawohl, das ist er. Und dann haben wir Ratschläge gegeben: »Lass ihn sausen, er ist es nicht wert!« – »Du bist doch nicht allein, wenn du dich von ihm trennst, wir werden für dich da sein, ganz bestimmt!« – »Gina, du musst endlich Nägel mit Köpfen machen!«

So viele Tränen, wie Gina hier in diesen vier Wänden vergossen hat, damit hätte man einen Großteil der Sahara bewässern können. Und mit den Tempos, die wir ihr reichten, einen flächendeckenden Sonnenschutz bespannen.

Beate geht in die Küche, um sich ein Bier zu holen. Doch es ist nichts mehr im Kühlschrank. Stattdessen ein Zettel: »Brauchte dringend Flüssignahrung für meinen Schatz. Bringe später neuen Kasten mit. Versprochen! Gina.«

Trinken wir also Mineralwasser.

Um Viertel nach sieben ist sie endlich da – ohne Bier, aber das hat auch keiner von uns ernsthaft erwartet. »Sorry, wenn ich nicht mit anpacken kann, aber meine Kopfschmerzen resultieren wahrscheinlich aus einer Rückenverspannung, und da sollte ich besser nicht so schwer heben.«

Wir bleiben sitzen, rühren keinen Finger.

»Und ihr seid da ja auch viel geschickter als ich, bei mir gibt es bestimmt tausend Macken im Flur.« Gina lacht. »Zum Glück hab ich nicht so schwere Möbel, höchstens das Klavier.«

Immer noch bewegt sich niemand.

»Es wäre aber toll, wenn wir alles bis spätestens neun Uhr in meiner neuen Wohnung hätten. Jannik hasst es zu warten. Und ich will ja nicht, dass unser Start ins Zusammenleben gleich mit einem Streit beginnt. Ihr wisst ja, wie Jannik sein kann …«

Wir schauen uns an. Wir sind uns einig.

Gina ist irritiert. Dann stemmt sie ihre Hände in die Hüften. »Genau das ist der Grund, warum ich es in dieser WG keine Sekunde länger aushalte. Hier denkt nämlich jeder immer nur an sich.« Die erste Träne fällt. Es wird nicht die letzte sein heute Abend. »Immer behandelt ihr mich wie den letzten Dreck.«

Wir stehen auf, verlassen die Wohnung und stoßen in der Eckkneipe mit Frischgezapftem an. Auf Gina!

Geben ist seliger als Nehmen

In vielen Weltreligionen sind sie heilig, die Schnorrer. Tatsächlich stammt der Begriff aus dem Jiddischen, leitet sich ab von den Bettelmusikanten, die mit einem Instrument namens Schnurre durch die Lande zogen und Almosen gesammelt haben. Doch auch im Buddhismus, Christentum und Hinduismus sind Menschen, die von den Gaben anderer leben, etwas höchst Ehrenhaftes. Denn sie machen ihre Mitmenschen zu Gebenden und helfen ihnen sozusagen, den seligen Weg der Barmherzigkeit einzuschlagen. Im Grunde können wir dem Schnorrer also dankbar sein. Lediglich die orthodoxe Kirche und der Islam differenzieren: Wer wirklich bedürftig ist, darf betteln. Aber erst einmal ist jeder für sich und seinen Lebensunterhalt selbst verantwortlich.

> ## Schnorrer
> - auch bekannt als Schmarotzer, Nassauer, Bettelbruder.
> - wirken auf den ersten Blick oft charmant, sensibel, humorvoll, gesellig.

Es leuchtet doch ein. Wenn jemand wirklich keine Chance hat, vom Schicksal hart gebeutelt wurde, zeigen wir uns gern großzügig. Denn es ist schließlich ein durchaus angenehmes Gefühl, ein guter Mensch sein zu dürfen. Wird die Spendenbereitschaft hingegen ausgenutzt, steigt der Bettler anschließend in einen dicken Mercedes oder entpuppt sich eine Hilfsorganisation als aufgeblasener Verwaltungsapparat, ist Schluss mit lustig.

In diesem Kapitel geht es um Gina, die die Hilfsbereitschaft ihrer Mitbewohner schamlos ausnutzt. Sie stiehlt nicht, sondern fordert – und zwar nicht ohne einen gewissen Charme.

Ginas Mitmenschen glauben zwar, selbst entscheiden zu können, ob sie helfend mit anpacken, sich nächtelang als Berater zur Verfügung stellen oder etwas Bier abgeben. Eine echte Wahl haben sie aber nicht, denn Gina verfügt über ein grandioses Talent, ihre Umwelt in diesem Punkt willenlos zu machen, weil sie Mitleid erzeugt – und bei Nichterfüllung ihrer Bitte zudem noch äußerst nachtragend ist. Als der Rest der WG sich weigert, auf ihre Forderung einzugehen, lamentiert sie über die schlimme Welt und appelliert somit gnadenlos an das Gewissen der anderen.

Beim ersten oder zweiten Mal ist erbetene Großzügigkeit vielleicht kein Problem. Wann es zum Ärgernis wird, ist von Mensch zu Mensch unterschiedlich. Der eine zieht schnell die Notbremse und zeigt dem Bittsteller ohne Gewissensbisse die kalte Schulter. Andere brauchen länger, fühlen sich unsicher, scheuen ein klares Nein. Doch irgendwann merkt so ziemlich jeder: Der elende Schnorrer muss mich ja für total bescheuert halten.

Und dann kommt die Skepsis, das Unbehagen, letzten Endes schließlich die berechtigte Wut.

Ein mieses Geschäft

Ein kleines Kind weint, wenn es etwas haben möchte: Nahrung, Trost, Aufmerksamkeit oder seine Ruhe. Es lernt, sich zu äußern, die Mitmenschen um Hilfe zu bitten, damit seine grundlegenden Bedürfnisse gestillt werden. Wird es älter, beginnt es zu begreifen, dass nicht jeder Wunsch sofort erfüllt wird. Selbst wenn es sich an der Supermarktkasse schreiend auf dem Boden wälzt, bleiben die Eltern standhaft und verweigern die Tüte Gummibärchen. Das ist verdammt hart für das Kind, aber eine unerlässliche Erfahrung, wenn es jemals verstehen soll, dass es nicht der Nabel der Welt ist.

Im Zusammenleben mit Eltern, Geschwistern, Kindergarten- oder Schulfreunden erlangt der kleine Mensch noch eine weitere Erkenntnis: Ich kann nicht nur meine, sondern auch die Bedürfnisse anderer stillen. Wenn ich einen Bauklotz rausrücke, freut sich mein Gegenüber. Und beim nächsten Mal wird er mir dann bestimmt gern etwas von seinen Keksen abgeben.

Das Zusammenleben ist stets ein Tauschgeschäft, und Großzügigkeit wird zur sichersten Methode, eigene Wünsche in Zukunft erfüllt zu wissen. Glücklicherweise wird die eigene Generosität mit Wohlbefinden versüßt, Schenken macht vielen Menschen mindestens genauso viel Spaß wie das Beschenktwerden. Dies ist übrigens in fast allen Kulturen der Fall, was darauf schließen lässt, dass kulantes Verhalten einen evolutionären Nutzen hat und sich Gemeinschaften, in denen nicht jeder nur nach seinem eigenen Vorteil schielt, als erfolgreich erwiesen haben.

Üblicherweise haben wir also von Kindesbeinen an die Grundprinzipien der Ökonomie verinnerlicht: Geld für Ware, Hilfsbereitschaft für Loyalität, Steuern für Infrastruktur, Freundlichkeit für zuvorkommende Behandlung – bei wem sich diese Struktur erst einmal gefestigt hat, dem fällt es auch nicht schwer, sich entsprechend zu verhalten.

Unser ganz natürliches Begehren ist in einem solchen Gefüge gut aufgehoben. Wir können stets überlegen, was uns die Erfüllung unserer Wünsche wert ist. Wir möchten einen attraktiven Beruf ergreifen? Dann sind wir bereit, Fleiß und Ehrgeiz und eventuell auch etwas Vermögen in eine entsprechende Ausbildung zu investieren. Das Verlangen nach einem schnellen Auto, einem eigenen Haus, einer exotischen Reise treibt uns um? Gut, dann müssen wir eben genügend Geld verdienen und den Kfz-Händler, Bauunternehmer oder Reiseveranstalter für die Erfüllung unseres Traums bezahlen.

Die Lust, das eigene Leben immer noch ein wenig komfortabler werden zu lassen, ist die Triebfeder unseres Tuns und aus diesem Grund prinzipiell nicht verwerflich. Es sei denn, das Begehren wird durch parasitäres Verhalten gestillt. Dann landen wir bei den Schnorrern. Bei den Mitmenschen, durch die das eigentlich so schön praktikable System vom Geben und Nehmen aus den Fugen gerät.

Wir können auch Gina verstehen, die sich über ein frisch gestrichenes Zimmer freut, sich bei Liebeskummer ausheulen will und beim Umzug starke Helfer braucht, die mit anpacken. Doch wo bleibt die Gegenleistung, die Anerkennung – oder wenigstens der Dank?

Wollen wir Freunde sein?

Schnorrer sind Herdentiere, sie fühlen sich in Gruppen am wohlsten, arbeiten gern im Team und sind häufig in Vereinen zu finden. Jedoch nicht, weil sie es unbedingt lieben, von vielen Menschen umgeben zu sein, sondern weil dort am ehesten die Gelegenheit besteht, sich auf Kosten anderer zu bereichern – ohne dass es gleich auffällt.

Ein besonderes Talent macht es ihnen leicht, sich mit potenziellen »Opfern« zu umgeben: Schnorrer sind meist sehr charmant, humorvoll und haben interessante Dinge zu erzählen. Schnell vermitteln sie ihren Mitmenschen das Gefühl, dass eine Freundschaft mit ihnen ein Hauptgewinn ist. Schließlich haben sie gute Kontakte, wahnsinnig viel Talent und immer interessante Themen auf Lager.

Es gibt zwei verschiedene Strategien, an das Mitgefühl der anderen zu appellieren: Entweder wird die eigene Hilf- und Ausweglosigkeit zur Schau gestellt oder mit Schmeichelei gearbeitet. Besonders gerissen ist die Kombination aus beidem. O-Ton Gina: »Ihr seid handwerklich so geschickt, und ich habe, was Malerarbeiten angeht, zwei linke Hände. Zudem tut mein Rücken dermaßen weh …« Mit dieser Tour brachte sie ihre WG-Genossen im Handumdrehen dazu, ihr Zimmer zu streichen, während sie selbst in der Sauna saß.

Das ist ein vergleichsweise harmloses Beispiel, krimineller gehen da Heiratsschwindler, Drückerkolonnen oder Erbschleicher vor. Doch auch hier ist die Masche: Vertrauen schaffen, Sympathie gewinnen, Mitleid erzeugen und dann – wie es im Volksmund heißt – die anderen wie eine Weihnachtsgans ausnehmen.

Wenn der Schnorrer seine Methode geschickt anwendet und relativ gleichmäßig auf die Umwelt verteilt, fällt er wahrscheinlich lange Zeit kaum auf. Erst wenn sich die Ausgenutzten zufällig oder durch aufkommende Skepsis eines Tages untereinander verständigen, wird offensichtlich, dass sich hinter dem ständigen Bitten und Betteln eine Strategie versteckt. Dann brechen für den Schnorrer harte Zeiten an. Ist er erst einmal durchschaut, wird er in dieser Gruppe keinen Erfolg mehr haben. Dann heißt es Wohnort, Freundeskreis oder Arbeitsstelle wechseln – Schnorrer können ein Nomadendasein führen. Auch Gina ist schon mehrfach umgezogen, diese WG war nicht die erste und wird auch nicht die letzte sein. Aber wie wird sich das Zusammenleben mit ihrem Freund gestalten?

In Sachen Liebe neigen Schnorrer zu chaotischen Beziehungskisten. Den Mann oder die Frau des Herzens für sich zu gewinnen ist erst einmal ein Kinderspiel – Schnorrer haben einfach eine Antenne dafür, worauf ihr Gegenüber anspringt. Eine langfristige Partnerschaft, in der es quasi ein Wirtstier und einen Parasiten gibt, hat jedoch schlechte Chancen, es sei denn der Schnorrer angelt sich ausgerechnet eine/n Liebste/n mit ausgeprägtem Helfersyndrom. Die Liebe, nach der die Schnorrer sich sehnen, hat etwas Kindliches, Unreifes. Eigentlich geht es die ganze Zeit nur darum, bestätigt, umsorgt und zufriedengestellt zu werden. Mit einer reifen, ausgeglichenen Partnerschaft, in der man sich gegenseitig unterstützt und schätzt, hat das wenig zu tun.

Doch wer hält es ein Leben lang an der Seite einer Person aus, die immer haben will, unersättlich ist, volle Aufmerksamkeit fordert und dann noch nicht einmal Dankbarkeit zeigt? Die einen sogar als egoistisch beschimpft, wenn man es wagt, ihr einmal eine Bitte auszuschlagen? Zu beneiden sind die Partner der Schnorrer wirklich nicht. Deswegen suchen sie oft irgendwann das Weite. Und verschlimmern das Grundproblem des/der Ex damit noch zusätzlich: die unersättliche Suche nach Anerkennung …

Ich! Will! Das! Haben!

Gina glaubt, etwas Besonderes zu sein. Wenn alles in Ordnung ist, hält sie das für den Normalzustand, schließlich hat sie alles Glück der Welt verdient. Das ändert sich jedoch schnell, wenn etwas anders läuft als geplant. Dann wird das volle histrionische Programm abgespult: Gina hat keine banalen Kopfschmerzen, sondern heftigste Migräne, keinen läppischen Durst, sondern eine akute Dehydrierung, keinen popeligen Hunger, sondern schockartige Unterzuckerung.

Das Problem ist nämlich, dass Gina mit ihrer eigenen Bedürftigkeit überhaupt nicht umgehen kann. Ein Bedürfnis ist für sie nicht der Anlass, sich selbstverantwortlich um die Verbesserung ihrer eigenen Situation zu kümmern. Dazu ist sie außerstande, dies müssen die anderen für die Dramaqueen tun, und zwar am besten sofort.

Die eigentlich alltäglichen Probleme mutieren bei Gina zu Katastrophen, die ein Mensch alleine nicht bewältigen kann. Der strenge Lehrer in der Schule hatte es immer ganz besonders auf sie abgesehen. Das frühe Aufstehen während der Arbeitswoche ist niemals jemandem so auf den Kreislauf geschlagen wie ihr. Die schimmelige Mietwohnung, die überfüllte Straßenbahn, der verregnete Sommer, die viel zu kurze Mittagspause … Die Welt hat sich gegen Gina verschworen, und sie kann nicht anders, als herauszuschreien: Helft mir! Habt Mitleid mit mir! Kein halbwegs mitfühlender Mensch kann sich da einfach abwenden und denken: Ist mir doch egal.

Doch woran scheitern Menschen wie Gina? Warum sind sie nicht in der Lage, sich selbst zu helfen? Sind Schnorrer zu knauserig, für die Stillung ihrer Bedürfnisse aufzukommen?

Es ist nicht gesagt, dass es ihnen besonders schwerfällt, für Leistung zu zahlen. Sie kommen gar nicht erst auf die Idee, dass es so laufen könnte. In ihrem Fokus steht nur das Habenwollen. Sie fühlen ein unstillbares Verlangen nach Dingen, die das Leben schöner machen. Dazu gehören auch Suchtmittel. Schnorrer neigen dazu, Drogen zu konsumieren, um schnell und scheinbar unkompliziert ein Wohlgefühl zu erzeugen. Doch sie sehnen sich nach allen Dingen, die sie satt und zufrieden machen könnten. Und diese Dinge erkennen sie nur bei anderen.

Den richtigen Umgang mit dem Begehren haben die Schnorrer womöglich nie gelernt, weil Wünsche und Bedürfnisse in der Kindheit allzu schnell erfüllt wurden, meist von den Eltern. Und zwar nicht nur, weil man dem Sohn oder der Tochter etwas Gutes tun wollte, sondern häufig auch aus Bequemlichkeit oder Desinteresse, um dem ärgerlichen Bitten und Betteln ein Ende zu setzen. Natürlich erfordert es Geduld, das trotzige Aufbegehren eines Kindes auszuhalten. Das erwähnte Geschrei an der Supermarktkasse ist nervtötend, peinlich und verlockend schnell abzuschalten, indem man dem Kind das Gewünschte gibt. Zwar wird es dann erfreut feststellen, dass es immer einen Menschen gibt, der Mitleid hat und seine Wünsche befriedigt, doch unbewusst geht in ihm etwas anderes vor: Mein Vater, meine Mutter hat kein Interesse, sich mit mir auseinanderzusetzen. Eigentlich geht es gar nicht um die Gummibärchen, sondern um Aufmerksamkeit. Und die bleibt ihm trotz des Geschreis letztlich verwehrt.

Zudem wird das Kind auf diese Weise auch nicht lernen, dass es eine Gegenleistung erbringen sollte. Und sei es nur ein Lächeln oder das Versprechen, anschließend sein Zimmer aufzuräumen. Gummibärchen gegen Aufräumen? Okay, klingt nach einem fairen Handel. Ein Kind, das jedoch für die Erfüllung seiner Bedürfnisse keinen Aufwand betreiben muss, hat eventuell irgendwann das Gefühl, nichts Adäquates bieten zu können. Es ist den Eltern egal, was es zu leisten imstande wäre. Sie haben kein Interesse an einem Tausch und nehmen den Sohn oder die Tochter als (Ver-)Handelspartner überhaupt nicht ernst. Demzufolge fühlt sich das Kind abgewertet. Und lernt nie, wie einfach das mit dem Geben und Nehmen eigentlich sein könnte.

Eine tragische Ursache also, das Grundbedürfnis nach Wertschätzung blieb stets verwehrt. Das Leben ist einem immer irgendwie etwas schuldig geblieben. Und diese Schuld müssen nun die anderen ausgleichen. Die Kollegen, Freunde und Familien, sie haben dafür zu sorgen, dass der Schnorrer endlich, endlich zufrieden ist. Was womöglich niemals gelingen wird.

Ja, ich will … nicht!

Geben ist seliger als Nehmen. Und wollen wir nicht alle gern selig werden? Ein guter Mensch sein? Doch ein schlichtes libanesisches Sprichwort entlarvt, was zudem dahintersteckt: »Es gibt keinen Fehler, den Großzügigkeit nicht verstecken kann.«

Daher weht der Wind. Wir kennen uns manchmal besser, als uns lieb ist. Wir wissen um unsere Fehler und kleinen Sünden. Und da das Leben ja im Grunde ein Tauschgeschäft ist, wiegen wir unsere vermeintlichen Missetaten durch gute Werke wieder auf.

Dieses Prinzip funktioniert schon im globalen Umfeld: Wir fliegen in den Urlaub und kompensieren den CO_2-Ausstoß mit Spenden für die Aufforstung des Regenwaldes – und unser Gewissen bleibt blütenweiß. Natürlich kaufen wir gern preiswerte Mode, auch wenn diese zu Hungerlöhnen von Kinderhand genäht wurde, aber dafür unterstützen wir ja monatlich ein Waisenhaus in Südamerika. Barmherzigkeit dient also auch dazu, dass wir uns trotz aller Unzulänglichkeiten morgens im Spiegel betrachten können.

Deswegen macht es Ginas WG-Bewohnern zunächst nichts aus, ihr einen oder auch mehrere Gefallen zu tun. Im Gegenteil, es beflügelt sie sogar ein wenig. Doch am Tag des Umzugs wird ihnen klar, dass sie die ganze Zeit ausgenutzt wurden. Weil Gina sie einfach warten lässt, das Bier mitgenommen hat, Kommandos gibt, keine Gegenleistung in Aussicht stellt. Nach und nach beginnen ihre Freunde, sich über ihre eigene Großzügigkeit zu ärgern.

Zudem sehen sie sich zu etwas genötigt, was ihnen ziemlich schwerfällt, weil es nicht ihrer Art entspricht: Sie müssen Nein sagen. Eine flehende Bitte strikt ausschlagen. Und es anschließend ertragen, dass Gina sich enttäuscht abwendet und alle als Egoisten beschimpft.

Da haben sie es doch die ganze Zeit gut gemeint, und bloß weil sie einmal nicht das tun, was sie erwartet hat, ist all die zuvor geleistete Hilfe für die Katz. Diese Erkenntnis hinterlässt ein mieses Gefühl.

Denn eigentlich mochten sie Gina ja am Anfang, mit ihrer gewinnenden Art hat sie ihnen sogar eine Weile das Gefühl gegeben, befreundet zu sein. In diese Beziehung haben sie alle gern ein bisschen investiert – und sind dann auf die Nase gefallen, als sie feststellen mussten, dass diese vermeintliche Freundschaft ihre Grenzen hat und da aufhört, wo sie ihrer Großzügigkeit einen Riegel vorgeschoben haben.

Diese Erkenntnis verärgert gleich auf mehreren Ebenen:

- Wir müssen einsehen, dass der Schnorrer die ganze Zeit nicht an uns als Person interessiert gewesen ist, sondern nur an dem, was wir ihm gegeben haben. Er war kein Freund, er hat das alles nur vorgespielt. Dies kränkt unsere persönlichsten Gefühle.
- Wir sehen uns genötigt, anders zu reagieren, als es unserem Naturell entspricht, indem wir eine Bitte rigoros ausschlagen. Dies kränkt uns in dem Selbstbild, das wir gern von uns hätten.
- Uns wird klar, dass wir getäuscht wurden und so etwas wie einem Betrüger auf den Leim gegangen sind. Dies kränkt unseren Gerechtigkeitssinn.

Vor diesen Kränkungen können wir uns im Vorfeld leider nur schwer schützen, denn wenn wir erkennen, dass wir es mit einem Schnorrer zu tun haben, ist es meistens schon zu spät. Da haben wir schon investiert und mitgefühlt und geglaubt, es würde sich lohnen. Es geht bei der Frage nach dem richtigen Umgang mit Schnorrern also lediglich um Schadensbegrenzung und darum, wie wir ab diesem Zeitpunkt dem Schmarotzer begegnen – sofern keine Möglichkeit besteht, den Kontakt rigoros zu beenden.

1. Gehen Sie nicht länger auf die Bitten des Schnorrers ein oder fordern Sie bei Erfüllung eine entsprechende Gegenleistung. So vermeiden Sie ein klares Nein, das zwangsläufig eine Schimpf- oder Vorwurfstirade beim Abgewiesenen provozieren würde. Für diese Taktik braucht man eventuell einen langen Atem, doch wenn der Schnorrer begreift, dass Sie nicht länger als Wunschbrunnen zur Verfügung stehen, wird er das Interesse an Ihnen verlieren.

2. Suchen Sie andere »Opfer« und bilden Sie eine Gemeinschaft. Im Zusammenschluss mit anderen ist es oft einfacher, den Schnorrer in seine Schranken zu weisen. Zwar wird er dadurch kaum zu einer Einsicht kommen, sondern die ganze schlechte Menschheit verwünschen, aber Sie werden sich gegenseitig zu dieser Konsequenz beglückwünschen, statt sich elend oder sogar schuldig zu fühlen.

Die erfolgreiche Belehrung und Änderung des Schnorrers ist leider ein utopisches Ziel. Da er nur sich und seine Bedürfnisse wirklich wahrnehmen kann und alle anderen Menschen als Erfüllungsgehilfen betrachtet, wird er sein Verhalten noch nicht einmal verwerflich finden. Diese Methode hat sich für ihn schließlich über Jahre als beste Strategie erwiesen, warum sollte er sich ändern wollen?

Das Problem, das Sie persönlich mit Schnorrern haben, wird mit diesem Vorgehen natürlich leider nur vertagt, nicht gelöst. Der nächste Schnorrer kommt bestimmt. Sollten Sie auf diesen Arschloch-Typus besonders allergisch reagieren, überdenken Sie die eigenen Ansprüche kritisch – dass Großzügigkeit sich immer irgendwie auszahlen muss, können Sie leider vergessen. Und Sie haben das gute Recht, Nein zu sagen, wenn die Forderung Ihnen unangemessen erscheint. Das macht Sie noch nicht zu einem schlechten Menschen.

Natürlich muss dies nicht bedeuten, dass jeder sich selbst der Nächste und uns das Schicksal anderer egal sein sollte. In den allermeisten Fällen lohnt es sich, ein guter, mitfühlender Mensch zu sein. Aber eben nicht immer. An Menschen, die andere ausnutzen, ist schon so manche Gesellschaftsideologie gescheitert.

Die Unheilspropheten

Wenn die Zeit kommt, in der man könnte,
ist die vorüber, in der man kann.

Marie von Ebner-Eschenbach

In der Kantine des Modehauses herrscht wie immer am Samstag vor den Sommerferien diese Stimmung zwischen Ausgelassenheit und Stress. Sommerschlussverkauf, die neue Herbst-Winter-Kollektion, Inventur – aber eben auch Vorfreude auf die anstehenden Urlaubswochen, in denen endlich ein Tapetenwechsel stattfindet.

Andreas wird nach seiner Fortbildung ab September an der Kaufmännischen Schule unterrichten und spendiert seinen Kollegen ein üppiges Abschiedsfrühstück: Orangensaft, Kaffee, frische Brötchen, Käse, Wurst, Lachs und Obst – was eben dazugehört, wenn man sich von einer netten Kollegenrunde gebührend verabschiedet.

Nur Renate nippt lieber an ihrem Magentee. »*Wer zu viel Kaffee trinkt, dehydriert, das Zeug entzieht dem Körper mehr Wasser, als es ihm zuführt*«*, weiß sie.* »*Ich meine ja nur, ihr wollt doch alle gesund in den Urlaub starten, oder nicht?*«

Ja, das wollen alle. Besonders Heike, die sich schon wahnsinnig auf einen Urlaub auf den Bahamas freut.

»*Malariagebiet*«*, warnt Renate.* »*Ich erinnere mich, dass sich 2008 ein deutscher und ein kanadischer Tourist mit Malaria Tropica infiziert haben und daran elendiglich gestorben sind.*«

Die Kollegen werfen sich vielsagende Blicke zu. Ach ja, Renate, denken sie. Eigentlich keine unangenehme Person, bestimmt auch sehr belesen, außerdem hat sie freiwillig darauf verzichtet, in den Sommermonaten Urlaub zu nehmen, damit die anderen, die mit Kind und Kegel gesegnet sind, verreisen können. Aber sie findet leider wirklich immer ein Haar in der Suppe.

»*Wir haben uns impfen lassen*«*, entwarnt Heike.*

»*Gut, aber gegen das Dengue-Fieber gibt es derzeit weder Impfung noch eine Erfolg versprechende Behandlung. Soll auf den Bahamas auch schon vorgekommen sein.*«

Heike hat noch nie etwas von diesem seltsamen Fieber gehört, auch ihr Arzt hat davon nichts erwähnt, also wird das doch nicht so schlimm sein, oder? Sie kann ja heute Nachmittag sicherheitshalber noch mal bei der Krankenkasse anrufen.

Alle anderen verkneifen es sich ab sofort lieber, in dieser Frühstückspause etwas über ihre Urlaubspläne zu erzählen. Wer weiß, von welchen Reisezielen Renate noch etwas gelesen oder gehört hat! Bestimmt besteht auf den Ostfriesischen Inseln Erdbebengefahr oder im Sauerland treibt ein Yeti sein Unwesen …

»Und Andreas, freust du dich auf deine neue Aufgabe in der Berufsschule?«, wechselt jemand das Thema.

Andreas ist hin- und hergerissen. »Die Arbeit mit den Kunden wird mir schon fehlen«, gibt er zu.

»Na, darauf könnte ich als Allererstes verzichten.« Renate mal wieder. »Seien wir mal ehrlich, die wollen doch alle immer nur karierte Maiglöckchen kaufen. Und dann meinen sie ständig, den Preis verhandeln zu können, als wären wir auf einem Basar!«

Zum Glück geht Tanja dazwischen, denn jeder weiß, wenn Renate erst einmal über die Kunden zu schimpfen beginnt, wird es anstrengend. »Ich hatte heute Morgen meine Lieblingskundin im Laden. Sie hat mir Pralinen mitgebracht als Dankeschön, weil ich sie so gut beraten habe. Nett, nicht wahr?«

»Pralinen im Hochsommer? Wenn du die nicht gleich alle auf einmal isst, sind sie nur noch Suppe! Und wenn du es tust, versauen sie die Bikinifigur.«

»Ich hatte vor, die Schokolade der Allgemeinheit zur Verfügung zu stellen«, sagt Tanja und reicht die Schachtel herum. Alle freuen sich, greifen genussvoll zu.

Renate bleibt beim Knäckebrot.

Dann ploppt ein Sektkorken, und die Belegschaft des Modehauses stößt auf Andreas' Wohl an. »Danke für das tolle Frühstück und viel Spaß mit deinen Schülern!«

Renate gießt sich Wasser ein, steht ebenfalls auf und erhebt das Glas. »Auf dass du nicht gleich den Job der Eltern mit übernehmen musst. Gesunde Ernährung, ausreichend Bewegung, die Grundregeln guten Benehmens – das müssen die Lehrer den Jugendlichen heutzutage erst alles mühsam beibringen.«

Niemand widerspricht. Es hat auch keinen Sinn. Egal welches Thema man anschneidet, Renate findet immer etwas zum Stänkern. Und dann vergeht allen die Lust daran.

»Also: Einen tollen Urlaub! Und für die, die zu Hause bleiben müssen, immerhin ein schönes Wochenende!«

»Gestern in der Tagesschau haben sie ja ein ausgewachsenes Tiefdruckgebiet angesagt, zwei Wochen Regen mindestens und kaum über zwanzig Grad«, sagt Renate. Doch keiner hört mehr hin.

Ich sehe was, was du nicht siehst, und das ist schwarz

Keine Religion, keine Mythologie, kein Epos kommt ohne die Gestalt des Unheilspropheten aus. In der Antike war es Kassandra, die den Trojanischen Krieg voraussah – bedauerlicherweise glaubte ihr aber niemand. Die Weissagungen des Nostradamus, der im sechzehnten Jahrhundert lebte, werden auch heute noch herangezogen, so soll der Apotheker und Astrologe den Zweiten Weltkrieg, die Anschläge vom 11. September und sogar die Einführung des Euro schon vor einem halben Jahrtausend angekündigt haben. Spannende Gestalten, von denen eine gewisse Faszination ausgeht, wer in die Zukunft schauen kann, der muss aber wirklich was ganz Besonderes sein.

Unheilspropheten
- auch bekannt als Miesmacher, Brunnenvergifter, Unken, Schwarzmaler, Gewohnheitspessimisten.
- wirken auf den ersten Blick oft anteilnehmend, informiert, hinterfragend.

Nun ist Renate aber ganz und gar keine schillernde Figur, im Gegenteil: Sie kleidet sich in gedeckten Farben, verzichtet auf getöntes Haar und gepflegtes Make-up, selten fängt sie von sich aus ein

Gespräch an. Sie sitzt immer unauffällig daneben, lässt ihre Kommentare vom Stapel – und verdirbt allen anderen regelmäßig die Laune. In der Firma hat sie schon viele Beinamen: Spielverderberin, Spaßbremse, Unke …

Es gibt Menschen, die sehen immer und überall nur das Schlechte und prophezeien die furchtbarsten Katastrophen, von deren Eintreten sie überzeugt zu sein scheinen.

Dies kann als eine Art Enttäuschungsprophylaxe inszeniert sein, wer immerzu mit dem *Worst Case* rechnet, kann logischerweise nur noch positiv überrascht werden. Doch das Verhaltensmuster der notorischen Miesmacher geht weit darüber hinaus, denn sie beschränken sich nicht auf das eigene Schicksal und seinen sicher negativen Verlauf, sondern weiten ihre unheilvollen Prophezeiungen auf andere aus. Und das ist eine ziemliche Frechheit: Darf ich mich nicht mal in aller Ruhe auf meinen Urlaub freuen? Muss ich mir jetzt wirklich den Kopf darüber zerbrechen, was alles schiefgehen könnte? Und am gravierendsten ist die Frage: Bin ich vielleicht viel zu gutgläubig und unvernünftig, weil ich all diese Gefahren einfach übersehe?

Meistens sind diese Superpessimisten auch noch bestens informiert, kennen sich aus mit den Unwägbarkeiten der Welt und wissen von Risiken, die uns niemals bewusst geworden wären. Und dieses Wissen zwängen sie uns ungefragt auf. Damit keiner hinterher sagen kann, sie hätten uns nicht gewarnt.

Das Leben darf man eben nicht auf die leichte Schulter nehmen, finden Menschen wie Renate. Gerade wenn wir meinen, es läuft alles glatt, werden wir auf die Nase fallen. Es ist, als sei das Schöne für sie einfach unerträglich, und das Einzige, was sie beruhigt, ist die Aussicht auf eine rapide Verschlechterung. Sprichwörter wie »Wer freitags lacht und samstags singt, der weint am Sonntag ganz bestimmt«, »Wenn es am schönsten ist, soll man aufhören«, »Du sollst den Tag nicht vor dem Abend loben« und »Vögel, die am Morgen zu laut singen, holt am Abend die Katz« gehören zu ihrem Standardrepertoire.

Aber warum machen sie das? Können sie nicht einfach für sich selbst miesepetrig sein und uns in Ruhe lassen? Was haben diese Arschlöcher davon, in unserer Suppe ein Haar zu finden, nach dem wir selbst gar nicht gesucht haben?

Lieber leiden als lösen

Obwohl Renate sich von allen Kollegen am häufigsten über die Arbeit beschwert und sie die Kunden unerträglich, die Öffnungszeiten unzumutbar, den Chef unmöglich findet, ist sie in ihrer Abteilung die Dienstälteste. Und wenn sich in zehn Jahren viele Mitarbeiter wieder verabschiedet haben werden, weil sie woanders arbeiten, sich weiterbilden wollen oder einfach neue Pläne haben – Renate wird höchstwahrscheinlich noch immer in der Kantine hocken, nörgeln und den anderen den Tag vermiesen. Denn ihr ständiger Unmut zieht keine Konsequenzen nach sich. Diese ungerechte Welt vielleicht ein bisschen fairer, fröhlicher werden zu lassen, ist überhaupt nicht ihr Ziel.

Ihre Verhaltensweise hat nichts damit zu tun, dass Unheilspropheten ihren Mitmenschen keinen Spaß gönnen. Sie werden auch nicht schadenfroh reagieren, sollte eine ihrer schwarzmalerischen Visionen tatsächlich eintreffen. Wahrscheinlich würde es Renate sogar leidtun, sollte Andreas mit seinen Plänen als Berufsschullehrer scheitern und nach einem Jahr wieder im Kaufhaus arbeiten. Es geht den Miesmachern nämlich gar nicht um die anderen, sondern in erster Linie um sich selbst.

Aus Angst, Verantwortung für sich und die eigene Existenz übernehmen zu müssen, verharren diese Gewohnheitsskeptiker in einem festgefahrenen, mitunter zwanghaften Verhaltensmuster, das ihnen immer als Ausrede dient, sich nicht weiterentwickeln zu müssen.

Alle Chancen auf Verbesserung scheitern stets am Konjunktiv, sie bleiben immer nur eine Möglichkeitsform: Man müsste mal … Wenn ich könnte, wie ich wollte … Es sollte besser …. Aber niemals: Ich muss, ich soll, ich kann, ich will! Statt durchzustarten, haben sie während der Fahrt durch das Leben stets den Fuß auf der Bremse. Das Motto der Miesmacher lautet: Lieber leiden als lösen!

Sie richten alle Aufmerksamkeit auf die negativen Aspekte einer Veränderung, sowohl bei sich selbst als auch bei anderen, um eigentlich notwendige Schritte unterlassen zu können.

»Ich werde mich nicht um meinen Traumjob bewerben, weil ich sowieso abgelehnt werde.«

»Warum sollte ich heiraten, wenn jede dritte Ehe geschieden wird?«

»Sport ist Mord, beim Joggen leiden bestimmt meine Gelenke, da bin ich dann hinterher schlimmer dran als zuvor.«

Jede Entscheidung, die wir für unser Leben treffen, bedeutet eine Abwägung zwischen Nutzen und Risiko. Gesunde Skepsis und Vorsicht sind dabei durchaus wichtig. Indem wir darüber nachgrübeln, um welchen Preis wir etwas erreichen wollen, setzen wir uns intensiv mit unseren eigenen Bedürfnissen auseinander. Unsere Sehnsucht nach beruflicher Veränderung steht dann dem Risiko, den sicheren Job aufzugeben, gegenüber. Was wiegt mehr? Den täglichen Frust über die ungeliebte Tätigkeit loszuwerden oder das angenehme Wissen über die monatliche Gehaltsüberweisung?

Grundsätzliche Fragen kommen auf: Was ist mir wichtig? Worauf kann ich verzichten?

Schon für den Ottonormalverbraucher sind solche Beurteilungen der eigenen Befindlichkeiten eine komplizierte Angelegenheit.

Doch was ist, wenn wir in uns hineinhören wollen, und es ist dort einfach nur still? Weil es keine Wünsche mehr gibt, keine Hoffnungen und Pläne? Wo die innere Stimme verstummt, tönen die Gegenargumente umso lauter. Es ist klar, wie die Entscheidung dann ausfallen muss: gegen die eigenen Bedürfnisse – für die vermeintliche Vernunft.

Prinzipiell gibt es für diese Weltschmerzpatienten gar kein Jetzt und Hier, sie fühlen sich selbst nicht, kennen keine Momente der Zufriedenheit und können folglich auch keine positiven Erlebnisse wahrnehmen – weil sie mit dem Kopf immer schon an die Folgen, also an die Zukunft denken.

Aber all die anderen verhalten sich völlig konträr, strömen hinaus, genießen das Leben, sind neugierig auf das, was sie erwartet. »Das kann doch nicht stimmen!«, denkt der Unglücksprophet und beginnt mit missionarischem Eifer, die anderen vom Glauben an das Schlechte in der Welt zu überzeugen, damit er nicht so allein dasteht.

Wir haben es hier mit einer defensiven Art von Narzissmus zu tun. Ja, auch das gibt es! Für gewöhnlich gebärden sich Narzissten gern glamourös, sie erhöhen sich selbst auf eine übertriebene Weise, um von ihrer tief empfundenen Wertlosigkeit abzulenken. Alles vermeintlich Schlechte wird verdrängt, nur die Schokoladenseite soll sichtbar sein.

Unheilspropheten wählen einen anderen Weg, sie wollen nicht unbedingt attraktiv sein, sondern lieber für weise und allwissend, für etwas Besonderes gehalten werden. Durch ihre Katastrophenvorhersagen meinen sie, das Geschehen ringsherum kontrollieren zu können. Sie wollen bestimmen, wie ihre Mitmenschen die Umwelt wahrnehmen, sie prägen die vorherrschende Stimmung.

Weil sie selbst nicht in der Lage sind, Freude und Neugier zu empfinden, erklären sie ihre Lebenseinstellung kurzerhand zur

einzig wahren. Die anderen müssen sich bitte schön genauso verängstigt und mutlos fühlen wie sie, damit alles wieder im Gleich-
gewicht ist. Dazu haben Miesmacher oft noch eine histrionische
Ader: Statt wirklich selbst zu erleben, inszenieren sie sich, als wären sie Teil eines Theaterstücks. Wobei sie nicht wie die meisten
Narzissten die Rollen der strahlenden Helden übernehmen, sondern die der weisen Alten, die mit erhobenem Zeigefinger mah-
nen, bloß nicht den Neid der Götter zu erregen, weil sie deren Ra-
che fürchten. Immer schön demütig und bescheiden bleiben, dann
werden wir vom Schlimmsten verschont.

Renate hat sich schon als Kind lieber aus dem allgemeinen Froh-
locken zurückgezogen und in Bescheidenheit geübt, dabei aber
heimlich nach den anderen geschielt. Was die sich alles trauten!
Renates Eltern haben ihr natürlich auch die Skifreizeit verboten,
auf die sich die damals Zwölfjährige gefreut hat. Da kann so viel
passieren, und es kostet auch eine Menge Geld, besser die Tochter
bleibt zu Hause und lernt für die Fächer, in denen sie schwach ist.
Als die Klassenkameraden danach begeistert erzählen, wie viel
Spaß sie im Schnee hatten, ist das für Renate kaum zu ertragen.
Also bevorzugt sie die Version von Wilfried, der hat sich nämlich
auf der Piste das Bein gebrochen und musste drei Tage in einem
fremden Krankenhaus liegen. Na also, so wäre es Renate bestimmt
auch ergangen, da war es doch wirklich besser, gemütlich zu Hause
was für die Schule zu tun!

Wer im Freibad Eis isst, bekommt Krämpfe und ertrinkt. Ein
verschluckter Kaugummi wird eine gefährliche Blinddarminfek-
tion auslösen. Wenn man zu oft schielt, bleiben die Augen in dieser
Fehlstellung stehen. Diese Horrormärchen haben wir wahrscheinlich alle irgendwann einmal aufgetischt bekommen, doch sie haben uns bestimmt nicht davon abgehalten, alles trotzdem mal aus-
zuprobieren. Renate war da anders, für sie waren diese Bedrohungen

so real, dass ihr kein Eis, kein Kaugummi und kein Grimassen-schneiden wert gewesen wären, ein solch unkalkulierbares Risiko einzugehen. Darum konnte sie auch nie erfahren, was für einen Quatsch man ihr eigentlich erzählt hat.

Gelobt wurde daheim selten, dafür gab es sorgenvolle Mienen, wenn mal etwas danebengegangen war. Woher also sollte Renate wissen, wie das geht: optimistisch sein, etwas Unvernünftiges aus-probieren, einen Fehler als Herausforderung ansehen, um es beim nächsten Mal besser zu machen. Fehlanzeige, auf diesem Gebiet wurde ihr einfach nichts beigebracht.

Die Anti-Missmut-Impfung

Unheilspropheten lösen in uns etwas Seltsames aus. Wo wir uns auf etwas gefreut haben, macht sich jetzt die Sorge breit. Wo wir unbefangen auf etwas zugehen wollten, weichen wir einen Schritt zurück. Wir stellen uns und unsere eigene Wahrnehmung infrage: Wenn diese Person solche Bedenken äußert, muss im Kern etwas dran sein. Warum habe ich das selbst nicht bemerkt?

Psychologisch passiert Folgendes: Der Miesmacher projiziert seine eigene Unsicherheit und Zukunftsangst auf andere. Er weitet seinen Unmut auf uns aus, macht sein Problem zu unserem – und bremst uns gnadenlos aus.

Das kann mehr als nur ein bisschen nervig sein. Insbesondere wenn wir uns in einem Lebensbereich wirklich mal nicht so ganz auf sicheren Füßen fühlen, hat diese Arschloch-Gattung gute Chancen, weitere Zweifel zu säen. Wir werden immer ängstlicher, vielleicht verzichten wir sogar auf Dinge, die uns durch die nega-tive Verstärkung plötzlich zu gefährlich erscheinen – und bringen uns um die Erfahrung, dass auch Wagnisse gut ausgehen können, wenn man sich darauf einlässt.

Fast wirkt es, als sei dieser grundsätzliche Pessimismus ansteckend. Kann man sich dagegen impfen?

Auch Renates Kollege Andreas, der seine Entscheidung zur Weiterbildung als Berufsschullehrer bislang für eine Nummer-sicher-Aktion gehalten hat, geht nach der Begegnung in der Kantine mit einigen Bauchschmerzen nach Hause. Seine euphorische Stimmung hat einen gehörigen Dämpfer bekommen. Was ist, wenn sich die Schüler wirklich als kleine Monster entpuppen? Bislang hat er immer darauf vertraut, dass seine eigene Begeisterung für den Beruf die jungen Menschen irgendwie anstecken wird. Und wenn das nun völlig naiv von ihm gewesen ist? Okay, er verdient in seinem neuen Job ein bisschen mehr, doch hat er mit dem Wechsel das eigene Schicksal etwa zu stark herausgefordert? Schließlich hat er nur mit Ach und Krach damals seinen Schulabschluss geschafft, er ist dem Ganzen bestimmt nicht gewachsen …

Renate hat – vermutlich ohne es zu wissen – Andreas' wunden Punkt getroffen. Sein berufliches Selbstbewusstsein lässt seit jeher zu wünschen übrig. Dass diese längst zurückliegende Erfolglosigkeit noch immer an ihm nagt, ist Andreas bislang nicht klar gewesen, erst Renates Unkenrufe haben ihm das wieder bewusst gemacht. Das kann ihn nun völlig aus dem Ruder laufen lassen – oder er nutzt diese Erkenntnis, um sich mit seinem eigenen Problem zu beschäftigen.

Also drehen wir den Spieß doch einfach um und ziehen wir aus der negativen Begegnung mit einem Unheilspropheten etwas durchaus Positives: Diese Menschen zeigen uns, unser Unbewusstes arbeitet weiter, wo wir unsicher sind oder zu übertriebenen Schuldgefühlen neigen. Sie nörgeln, und wir reagieren prompt – da wird es sich lohnen, dem noch mal genauer nachzuspüren.

Das bedeutet jedoch nicht, dass die Bedenken tatsächlich berechtigt sind. Sämtliche Argumente der Miesmacher können wir getrost als durchlaufenden Posten verbuchen, sie sind es nicht wert, sich damit eingehend zu beschäftigen. Doch die Saite, die sie bei uns zum Schwingen gebracht haben, klingt nach. Und das ist eine sehr wertvolle Erkenntnis. Fast müssten wir uns bei Renate und ihresgleichen für diesen indirekten Hinweis bedanken.

Natürlich sollten wir anders handeln, als die Pessimisten es uns unterschwellig nahelegen. Statt uns demotivieren zu lassen, krempeln wir die Ärmel hoch und packen das Übel an der Wurzel. Warum jagen mir diese Schilderungen Angst ein? Weshalb erzeugen diese Sätze bei mir eine große Unlust? Dem gehen wir auf den Grund, weil wir für unsere Gefühle selbst die Verantwortung übernehmen wollen. Zweifel sind ja grundsätzlich in Ordnung, sie bewahren uns vor voreiligen Entschlüssen und zwingen uns, das Leben von mehreren Seiten auszuleuchten. Dank der Unheilspropheten wissen wir, wohin wir unser Augenmerk lenken müssen.

Wer über ein gesundes Selbstbewusstsein verfügt, lässt es jedoch nicht zu, dass bloß die negativen Perspektiven dominieren. Ein Mensch mit Eigenverantwortung wird von Menschen wie Renate allenfalls ein wenig genervt sein, vielleicht fällt ihm das Gemeckere aber noch nicht einmal auf.

Ob Unheilspropheten überhaupt bewusst ist, wie sie sich verhalten und welche Gefühle sie bei den anderen auslösen? Dass sie mit ihrem sauertöpfischen Gerede vielleicht sogar der maßgebliche Auslöser für die schlechte Stimmung sind, über die sie sich unentwegt beklagen?

Wohl kaum. Selbst wenn man sie direkt darauf aufmerksam machen würde – Miesmacher glauben nicht, dass sie anderen mit ihrem Verhalten schaden. Im Gegenteil, sie wollen doch nur Schaden verhindern. Sollte man sich vorwurfsvoll an sie wenden, würde das ihr Misstrauen gegen Gott und die Welt womöglich noch weiter verstärken. Da sie die Deutungshoheit über die Ange-

messenheit aller Gefühle für sich beanspruchen, ist es nahezu unmöglich, über dieses Thema mit ihnen zu diskutieren.

Wenn Sie es dennoch wagen wollen, dann bleiben Sie in den
Aussagen stets bei sich: »Es hätte mich gefreut, wenn ich dich mit
meiner guten Laune hätte anstecken können« oder »Ich habe deine
Bedenken wahrgenommen, doch zu diesem Zeitpunkt möchte ich
meinen Plänen mit der nötigen Portion Zuversicht begegnen«. Es
kann sein, dass Sie damit den richtigen Ton treffen und erst einmal
in Ruhe gelassen werden, doch genauso gut kann der Pessimist
sich genötigt sehen, noch härtere Geschütze aufzufahren. »Aber
wenn du wüsstest …«

Ob Sie sich davon noch länger beeindrucken lassen, hängt allein
von Ihnen ab. Da Sie selbst allerdings glücklicherweise zu der Sorte
Mensch gehören, die hoffnungsvoll und dynamisch in die Zukunft
blickt, stehen die Chancen mehr als gut.

Die Verharmloser

Wie abstoßend wirken die Worte Harmonie,
Gleichmaß, Vollkommenheit, Edel! Wir haben sie gemästet,
sie stehen wie dicke Frauen auf winzigen Füßen da und
können sich nicht rühren.

Robert Musil

*Die Diagnose ist eindeutig: Knoten in der linken Brust, laut Biopsie
eine mittelaggressive Form, auf jeden Fall stehen Operation, Chemo-
therapie und Bestrahlung an – das volle Programm.*

*Mit einer solchen Botschaft zum Weihnachtsfest hat keiner in der
Familie gerechnet. Judith und Martin hatten sich eigentlich gefreut,*

mit ihren Ehepartnern wie jedes Jahr zu den Eltern zu fahren – und dann das!

Nachdem Vater Bruno die Schreckensnachricht zwischen Gans und Bescherung fast wie ein Dessert serviert hat, starren die Geschwister wie versteinert ihre Mutter an, die gerade damit beschäftigt ist, den Tisch abzuräumen.

»Mama, du hast Brustkrebs?«, nennt Judith die Sache dann schließlich beim Namen. »Seit wann weißt du das?«

Die Mutter zuckt mit den Schultern und geht mit einem Stapel Teller zur Spülmaschine. »Seit ein paar Wochen vielleicht …«

»Wir sind bei den allerbesten Ärzten!«, fällt Bruno ihr ins Wort. »Nicht wahr, Elke? Die sind sehr zuvorkommend in der Klinik und nehmen uns immer gleich dran.« Er lächelt und schenkt allen Wein nach.

Judiths Kinder spielen im Wohnzimmer nebenan mit Bauklötzen und bekommen nichts mit. Martin schließt die Tür und setzt sich wieder sprachlos an den Tisch.

Bruno scheint das nicht zu gefallen. »Warum machst du die Tür zu? Meint ihr nicht, jetzt ist Zeit für die Bescherung?«

Martin antwortet in aller Ruhe: »Ich schließe die Tür, damit wir uns ungestört und offen über Mamas Erkrankung unterhalten können.«

»Warum denn? Mehr gibt es da eigentlich nicht zu berichten, ist doch alles so weit in Ordnung. Stellt euch vor, die haben es sogar so eingerichtet, direkt nach Weihnachten zu operieren, wir beginnen die Therapie Anfang des Jahres und fühlen uns bestens betreut.« Bruno schaut seine Ehefrau, mit der er immerhin seit mehr als fünfunddreißig Jahren durchs Leben geht, Beifall heischend an.

Judith, die zwischen den beiden sitzt, schiebt ihren Oberkörper absichtlich in den Blickkontakt ihrer Eltern und wendet sich direkt an die Mutter: »Hast du Schmerzen?«

»Nein, der Arzt hat eurer Mutter ein ganz tolles, modernes Mittel …«

»Warst du auch bei einem zweiten Arzt? Es kann ja nie schaden, eine weitere Expertenmeinung einzuholen. Die Onkologie in der Uniklinik in unserer Stadt zum Beispiel soll hervorragend …«

»Ach was«, winkt Bruno ab. »Zum Glück ist das eine relativ häufige Krebsart, da haben die hier vor Ort genügend Erfahrung.« Bruno steht auf, geht zur Tür, will sie öffnen.

»Bitte, Papa, lass das doch.« Judiths Ton wird lauter, und sie fühlt einen altbekannten, leise surrenden Kopfschmerz, der vorhin noch nicht da war.

Martin reagiert anders, er trinkt sein Glas in einem Zug leer und knallt es derart auf den Tisch, dass die Mutter zusammenzuckt. »Man wird doch wohl mal nachfragen dürfen!«

Bruno lächelt weihnachtsplätzchensüß: »Ja, natürlich, ich finde das auch ganz toll, dass wir so erwachsene Kinder haben, die sich verantwortungsbewusst zeigen und uns zur Seite stehen. Aber ihr könnt beruhigt sein, wir sind auf einem guten Weg, wir haben doch bislang immer alles ganz toll geregelt bekommen, oder nicht?«

Judith denkt an den geplatzten Italienurlaub, als sie dreizehn Jahre alt war. Eine Stunde vor der Abreise machte die Familienkutsche schlapp, und sie mussten stattdessen drei verregnete Wochen zu Hause verbringen, alle Freundinnen waren verreist, und Martin und sie haben sich den ganzen Tag gestritten. Damals hat ihr Vater anschließend allen Leuten, die es wissen oder nicht wissen wollten, berichtet, dies seien die mit Abstand schönsten Ferien seines Lebens gewesen, weil man endlich mal so richtig viel voneinander gehabt hätte.

Martin erinnert sich an den Tag, als der Vater froh verkündete, das Familienhaus zu verkaufen und in eine kleinere Mietwohnung zu ziehen. Jetzt, da die Kinder ausgezogen wären, sei das die optimale Lösung, die Mutter brauche nicht mehr so viel zu putzen, und er könne in der Wohnung handwerklich eine Menge machen, weil er in Zukunft mehr Zeit dafür habe. Erst später wurde bekannt, dass er von seiner Firma in den vorzeitigen Ruhestand geschickt worden war und das Geld für die Abzahlung des Hauskredits nicht mehr reichte.

»Man muss den Dingen immer etwas Positives abgewinnen!«, lautet sein unumstößliches Motto. Und wer dabei nicht mitzieht, sich vielleicht elend, verängstigt oder deprimiert fühlt, der wird einfach über den Haufen gelächelt. Weil Bruno Angst vorm Fliegen hat, beschließt er, dass es in Deutschland mit Abstand am schönsten ist. Weil die Haushaltskasse nicht viel Luxus erlaubt, lobt er die Kochkünste seiner Frau über den grünen Klee, kein Sternekoch könne es mit Elke aufnehmen, warum also Geld in überteuerte Restaurants tragen? »Wie haben wir es doch gut erwischt, oder nicht? So ein Glück wie wir haben nur wenige, dafür sollten wir dankbar sein!«

Judiths Kopf surrt furchtbar, Martin schenkt sich Wein nach, Bruno öffnet die Tür und ruft die Kinder zur Bescherung. »Und jetzt lasst uns zum schönsten Teil des Abends übergehen!«

Du darfst nicht fühlen!

In unserer Sammlung von verschiedenen Arschloch-Typen haben die Verharmloser für das größte Erstaunen gesorgt: »Was soll denn daran so wild sein, wenn jemand es lieber harmonisch mag?«

Natürlich ist nichts Schlimmes dabei, gern in Frieden und mit sonnigem Gemüt zu leben. Doch darum geht es den Verharmlosern gar nicht. Sie übertreiben es maßlos, indem sie alle Dinge, die sich nicht in ihr Kuschelweltbild fügen, so lange umdeuten, bis sie endlich passen. Mit Biegen und Brechen, ja, manchmal sogar mit roher Gewalt. Und das Schlimmste ist, dass sie dieses verdrehte Weltbild allen, mit denen sie zu tun haben, geradezu aufdrängen.

> ## Verharmloser
>
> - auch bekannt als Weichspüler, Gutmenschen, Glattbügler, Verdränger, Harmonisierer.
> - wirken auf den ersten Blick oft optimistisch, gut gelaunt, unerschütterlich.

Hier haben wir es tatsächlich mit einer besonders perfiden Ausprägung unserer Spezies zu tun. Auf den ersten Blick scheint es um etwas Gutes zu gehen: Bruno übernimmt es, die Familie über Elkes Erkrankung zu unterrichten, und er serviert die Schreckensbotschaft in mundgerechten Stücken, garniert mit so viel optimistischer Schlagsahne, dass es für die Angehörigen leichter zu verdauen ist. Er meint es nur gut. Niemand soll sich unnötig Sorgen machen. Und er demonstriert auch gleich, dass er die komplette Verantwortung übernimmt und die Sache im Griff hat. Glücklich darf sich schätzen, wer ein Familienoberhaupt wie Bruno hat!

Doch warum reagieren seine Kinder dann so unwirsch? Plötzliche Kopfschmerzen und mehr Rotwein, als eigentlich gut wäre? Weil sie sich von seiner Friede-Freude-Eierkuchen-Attacke zur Handlungslosigkeit verdammt fühlen.

Bei genauerer Betrachtung entpuppt sich Brunos Verhalten als eine besonders aggressive Form von Machtausübung. Das Gefälle zwischen dem Verharmloser und seiner Umwelt besteht nicht wie sonst so oft darin, dass das Arschloch die anderen herunterputzt, nein, seine erhabene Position sichert er sich vielmehr, indem er bestimmt, was im Augenblick wahrzunehmen ist und was ausgeblendet gehört. Er will verhindern, dass seine Mitmenschen eigene Gefühle entwickeln, insbesondere wenn diese sich von seinen eigenen Empfindungen unterscheiden. Ein Verharmloser bestimmt, welche Emotion angemessen und erlaubt ist, nämlich seine eigene. Und das muss in jedem Fall ein positives Gefühl sein.

Durch die permanente Wir-Form wird dem Gegenüber keine Chance gegeben, der Suggestion zu entkommen. Meine Meinung ist automatisch auch deine Meinung – und du darfst froh sein, dass dies so ist, denn ich weiß schließlich genau, was richtig ist, sonst wäre mein Leben doch nicht so perfekt, wie es ist! Was soll man darauf erwidern?

Dieses Verhalten ist ein typisches Beispiel für »passiv-aggressives« Kommunizieren, wobei die Aggression – in diesem Fall der eigentlich offensichtliche Widerspruch zwischen der gerade überbrachten Hiobsbotschaft und der unangemessen fröhlichen Reaktion darauf – ausnahmslos auf das Gegenüber übertragen wird.

Bruno schert sich nicht die Bohne darum, dass seine Kinder Angst um das Wohl der Mutter haben, sie müssen doch bloß seine Sichtweise übernehmen, dann geht es ihnen gut. Dasselbe gilt auch für seine Ehefrau, ob sie Schmerzen hat oder sich vor der Behandlung fürchtet, bestimmt Bruno.

Die dadurch zwangsläufig aufkommende Aggression darf nicht angesprochen werden, also sucht sie sich Ausdruck auf der Körperebene: Martin greift zum Glas, Judith bekommt Kopfschmerzen, und Elke verstummt.

Die Kammer des Schreckens

Verharmloser fühlen sich für alles und jeden verantwortlich. Sie haben ein sehr ichbezogenes Wesen, fast wie ein kleines Kind, das noch nicht gelernt hat, dass auch andere Menschen über ein eigenes Bewusstsein verfügen und ein und dieselbe Situation aus einem anderen Blickwinkel erleben.

Alles, was um sie herum geschieht, beziehen sie auf sich selbst, so als seien alle anderen lediglich Statisten. Doch da nun einmal nicht immer alles glattläuft im Leben, erleben Menschen wie Bruno die negativen Dinge als ihr ureigenes Versagen oder als eine Aufgabe, die ihnen zur Bewältigung zugeteilt worden ist. Verharmloser meinen, die ganze Welt ruhe auf ihren Schultern. Natürlich bricht jeder irgendwann unter dieser Last zusammen – oder legt sich ein immens stabiles Korsett zu. Diese Stütze besteht darin, jede Negativerfahrung in etwas Positives umzuwerten und den Rest der Welt davon zu überzeugen, dass alles nach wie vor stabil ist.

Doch ganz tief in ihrem Inneren brodelt das Wissen um das Schlechte dieser Welt. Und es wird von Tag zu Tag mehr. Sämtliche Situationen, in denen er vermeintlich versagt hat, krank war oder schwach, zu spät gekommen ist oder eine falsche Entscheidung getroffen hat, sind natürlich irgendwo gespeichert und machen dem Verharmloser große Angst. Seine Seele ist wie eine Rumpelkammer ohne Licht, in die man alles, was unschön aussieht oder im Weg steht, durch einen schmalen Spalt hineinschiebt – um gleich danach die Tür wieder fest zu verschließen. Der Rest der Welt scheint gut geordnet zu sein, picobello aufgeräumt, doch wehe, jemand öffnet auf einmal diesen versteckten Raum!

Der unerschütterliche, stets präsente und zuverlässige Bruno hält in seinem Inneren eine Erinnerung aus der Kindheit versteckt. Er war bei der Tante zu Besuch und hatte furchtbares Heimweh bekommen, sodass er seine Eltern anrief, damit sie ihn abholten. Doch der Vater kommt nie an, auf der Autofahrt wird er Opfer eines Falschfahrers und stirbt. Niemand macht Bruno Vorwürfe, alle sagen, es habe sich um einen schrecklichen Zufall gehandelt – und keiner geht auf seine Schuldgefühle ein: Was, wenn er sich nicht so angestellt hätte mit seinem Heimweh? Wäre er nur ein bisschen stärker und tapferer gewesen, sein Vater hätte sich nie in das Auto gesetzt und wäre noch am Leben. Junge, das ist lächerlich! Du bist nicht schuld! Und nun sei ein Mann und hilf im Haushalt mit, seit der Papa nicht mehr da ist, geht alles drunter und drüber … Klappe auf – Selbstvorwürfe rein – Klappe zu – alles wieder okay!

Verharmloser werden vielleicht ihr Leben lang über solche Erfahrungen nicht reden wollen. Eine Therapie, um das Trauma aufzuarbeiten, halten sie für überflüssig und lächerlich, stattdessen stürzen sie sich meist in Geschäftigkeit und versuchen, möglichst viel Verantwortung zu übernehmen, also in gewisser Weise auch den Verlauf der Dinge zu kontrollieren. Die Angst, dass die überbordenden Gefühle von Trauer und Ohnmacht sie wie in einer Monsterwelle in einen seelischen Abgrund reißen, lässt sie alle Energie in die Errichtung eines »Gefühlsdamms« legen. Es ist ihre Eigenart, das Trauma zu überleben.

Und so werden sie oft zu Despoten, also Alleinherrschern in Familie, Beruf und Freizeit. Jedoch ohne offensichtliche Tyrannei, da sich sämtliche Machtausübung ja immer nur darum dreht, die Welt ringsherum friedlich und freundlich zu gestalten. Sie haben kein kriminelles Potenzial, wollen sich nicht mit materiellen Gütern bereichern oder die ihnen Nahestehenden betrügen. Nein, ganz bestimmt nicht, oft haben sie sogar soziale Berufe ergriffen und engagieren sich für Projekte, die die Welt ein bisschen besser machen sollen. Dabei sind sie durchaus charismatisch, werden für ihren Einsatz bewundert, gelten als Stützpfeiler des Vereins, der Firma, des Freundeskreises.

Aber sie sind trotzdem Despoten. Und es ist verdammt hart, gegen sie eine Revolution anzuzetteln.

Das Recht, sich beschissen zu fühlen

Wozu sollen Gefühle eigentlich gut sein? Zugegeben, einige sind ja auch wirklich wunderbar, frisch verliebt oder einfach nur blendend gelaunt ist jeder gern, da kann man sich mit seinem Gemütszustand bestens arrangieren. Aber wenn das Gegenteil der Fall ist, man furchtbaren Liebeskummer hat, verzweifelt ist, sich fürchtet oder um etwas trauert, dann würde man – wenn das möglich wäre – doch gern mal all diese nur schwer erträglichen Gefühle einfach ausschalten. Wozu ist das alles gut? Macht Bruno es vielleicht absolut richtig, wenn er aus allem etwas Positives zu gewinnen versucht und das Schlechte ausblendet?

Nein, denn er unterdrückt einen natürlichen Prozess im Gehirn, der sich im Laufe der Evolution als absolut nützlich erwiesen hat und somit Sinn ergibt, auch wenn er unangenehm ist.

> »Emotionen sind die geheimen Regisseure unseres Alltags.«
> (Antonio Damasio, Neurowissenschaftler)

Ohne Gefühle wären wir nicht überlebensfähig, denn sie ermöglichen uns, Entscheidungen zu fällen, langfristig zu denken und konsequent zu planen. Die Handlungsfähigkeit, die über den bloßen Instinkt hinausgeht, verdanken wir unserem emotionalen Bewertungssystem. Wir erfassen eine Situation blitzschnell, erkennen, ob es sich um eine Sache handelt, auf die wir zugehen oder vor der wir Reißaus nehmen sollten, wir schütten entsprechende Hormone aus, und unser Körper beginnt, auf Hochtouren zu laufen, da sind wir mit anderen Säugetieren gleichauf.

Doch bei uns Menschen setzt darüber hinaus an dieser Stelle der sogenannte kognitive Prozess ein, der die eben erworbenen Informationen weiterverarbeitet. Wir lernen, Gefühle in mehrere Kategorien zu sortieren, damit wir nicht bei jedem Rascheln im Gras davonrennen oder einem wildfremden Menschen, den wir attraktiv finden, prompt an die Wäsche wollen. Durch dieses Ordnungssystem, mit dem wir äußere Reize verarbeiten, werden wir uns der verschiedenen Gefühle erst bewusst und nutzen sie, um unser Leben zu organisieren.

Im Fall von Judith und Markus sieht das so aus: Sie erfahren, dass ihre Mutter eine eventuell lebensgefährliche Krankheit hat. Diese Information stellt eine akute Bedrohung für einen Menschen dar, den sie lieben und der ihnen wichtig ist. Die übliche Reaktion – schon seit Urzeiten bei unseren in Großfamilien lebenden Vorfahren etabliert – wird auch bei den Geschwistern ausgelöst: Sie sind voller Sorge, fühlen Mitleid (»Hast du Schmerzen?«) und wollen mit der bestmöglichen Strategie die Bedrohung aus der Welt schaffen (»Warst du auch bei einem zweiten Arzt?«). Dahinter steckt die Erkenntnis, dass sie sich um das Leben ihrer Mutter ängstigen. Und dieses Gefühl ist angesichts der Tatsache, dass Elke operiert und bestrahlt werden muss, absolut legitim.

Ihr Vater Bruno jedoch hat aufgrund seiner frühen Erfahrungen im Umgang mit Gefühlen einen anderen Weg gewählt, die Krankheit seiner Frau zu verarbeiten. Er deutet die Gefahr um, aus der eigentlich angebrachten Angst erwächst bei ihm sofort ein positiv besetzter Ehrgeiz, sich nicht unterkriegen zu lassen. Im Grunde ist sein Umgang mit Gefühlen lediglich anders konditioniert, was sich für ihn absolut richtig anfühlt, bei seinen Kindern aber den Eindruck erweckt, er sei gefühlskalt, wenn er so lapidar über die Krebsdiagnose hinweglächelt.

Ein solches Verhalten macht zu Recht wütend: Wie kann er so wenig Mitgefühl aufbringen? Bedeutet seine Frau ihm denn überhaupt nichts? Sind wir selbst ihm dann eigentlich auch egal? Dabei betont er doch alle naselang, wie stolz er auf die Familie ist … Alles Lüge?

Genau diese Fassungslosigkeit muss von Judith und Markus überwunden werden, wenn sie ihrem Vater in Zukunft begegnen wollen, ohne dass es in ihnen kocht und brodelt.

Leider wird es sich wohl kaum lohnen, den Konflikt auszutragen und einen Verharmloser davon überzeugen zu wollen, dass sein Weltbild im wahrsten Sinne verrückt ist. Die narzisstischen Anteile bei diesem Arschloch-Typ verhindern eine angemessene Selbstreflexion. Sie erinnern sich? Aus dem Blickwinkel eines Narzissten liegen immer die anderen falsch, und man selbst ist unfehlbar. Also verzichten Sie darauf, dem Schönwetterprediger in Ihrem Leben eine Standpauke zu halten.

Bleiben Sie bei sich. Erlauben Sie sich zuallererst, die Deutungshoheit über Ihre eigenen Gefühle wiederzuerlangen. Wie Sie eine Situation einschätzen, ob Sie sich gut fühlen oder hundsmiserabel, ist und bleibt Ihre persönliche Angelegenheit und darf nicht gemaßregelt werden – genauso, wie Sie darauf verzichten sollten, einem Verharmloser zu erklären, dass er jetzt das Heulen und Zähneklappern kriegen sollte.

Etwa so: »Es ist gut, dass du bei der Wahl der behandelnden Ärzte ein gutes Gefühl hast, aber wir sind weiterhin verunsichert und wären wirklich beruhigt, wenn unsere Mutter eine zweite medizinische Meinung einholt.«

Letztendlich bleibt Ihnen nichts anderes übrig, als sich einzugestehen, dass die Person, die bei Ihnen vielleicht schon seit Jahren den Eindruck erweckt hat, verantwortungsbewusst, engagiert und für alle Wechselfälle des Lebens gewappnet zu sein, in Wahrheit nicht die leiseste Ahnung hat, wie sie mit ihrem eigenen, schmerzhaften Schicksal umgehen soll. Alles nur Täuschung – und diese Erkenntnis enttäuscht, was auch kein schönes Gefühl ist. Auf lange

Sicht wird der realistische Blick auf das chaotische Innenleben eines Verharmlosers beziehungsweise Harmonisierers Sie aber davor bewahren, sich neben ihm elend zu fühlen und diese Empfindung zudem noch verdrängen zu müssen.

Sie haben das Recht, sich beschissen zu fühlen – in zweierlei Hinsicht: zum einen weil es Ihnen zusteht, verzweifelt zu sein, zum anderen weil Sie tatsächlich von einem Verharmloser über einen langen Zeitraum regelrecht »beschissen« wurden.

TEIL 3

Wie viel Arschloch–Potenzial steckt in mir?

Nun haben Sie eine Menge über Arschlöcher gelesen, haben erfahren, woran man sie erkennt und wie man am geschicktesten mit ihnen umgeht, sind sozusagen Experte auf dem Gebiet der unangenehmen Zeitgenossen geworden. Und – geben Sie es ruhig zu – manchmal haben Sie auch voller Schrecken gedacht: Huch, das kommt mir jetzt aber mehr als nur bekannt vor. Bin ich selbst etwa auch ein …?

Wir können Sie beruhigen, wer überhaupt in der Lage ist, so etwas für sich in Betracht zu ziehen, ist schon mal eher unverdächtig. Erinnern Sie sich? Eine der herausstechenden Eigenschaften eines Arschlochs ist zu behaupten, dass alle anderen Arschlöcher sind. Trotzdem ist es natürlich interessant, sich selbst ein bisschen auf die Schliche zu kommen. Denn ein gewisses Arschloch-Potenzial steckt ja in jedem von uns.

Also bieten wir Ihnen zum Abschluss einen kleinen Selbsttest an. Nichts wissenschaftlich Verzwicktes, bei dem Sie auf der Hut sein müssen, eher eine Anregung, über sich und Ihren Umgang mit anderen nachzudenken und eventuelle Tendenzen in die falsche Richtung zu erkennen.

Als erste kleine Variante bietet dieser Test die Möglichkeit, dass außer Ihnen noch eine Ihnen vertraute Person die Fragen quasi für Sie beantwortet. So ergibt sich neben Ihrem Selbstbild noch eine weitere Perspektive – vielleicht sehen Ihre Mitmenschen Sie ja völlig anders? Was denkt mein Partner, welchen Dingen ich meine Zustimmung gebe? Hält er mich für netter oder schlimmer, als ich mich selbst sehe? Sie werden nicht in allen Punkten übereinstimmen, doch wenn sich enorme Differenzen zwischen Ihren Antworten und denen Ihrer Vertrauensperson ergeben, wäre es zu empfehlen, das eigene Selbstbild kritisch unter die Lupe zu nehmen.

Alternativ steht es Ihnen frei, selbst ein Fremdbild zu erstellen. Was glauben Sie, würde Ihr »Lieblingsarschloch« – also der Kollege, Nachbar oder Bekannte, der Ihnen permanent die Nerven strapaziert – ankreuzen? Wie tickt er, was scheint ihm wichtig und was nicht der Rede wert zu sein? Ob Sie damit falsch – oder richtig – liegen, wird sich kaum überprüfen lassen. Jedoch haben Sie die Gelegenheit genutzt, sich noch einmal mit diesem Menschen auseinanderzusetzen.

Bitte entscheiden Sie, welche der nun folgenden 24 Aussagen zutreffend für Sie (oder Ihre Vertrauensperson/Ihr Lieblingsarschloch) sind. Grübeln Sie nicht lange über eine Entscheidung nach, sondern folgen Sie Ihrem ersten Antwortimpuls.

Test

1. Wenn mein Chef mich für eine Leistung lobt, die eigentlich ein Kollege vollbracht hat, dann lasse ich das so stehen, immerhin war ich indirekt daran beteiligt oder hätte es zumindest genauso gut hinbekommen, wenn ich nur die Gelegenheit gehabt hätte.
❑ Stimmt   ❑ Stimmt nicht

2. Manchmal habe ich das Gefühl, die Leute halten in meiner Gegenwart die Luft an oder ziehen den Kopf ein, weil sie Respekt vor mir haben.
❑ Stimmt   ❑ Stimmt nicht

3. Es ist nicht gut, den Menschen immer die reine Wahrheit zu erzählen, vor allem dann nicht, wenn sie daraus folgend eine völlig falsche Meinung von mir bekommen könnten.
❑ Stimmt   ❑ Stimmt nicht

4. Sollte ich jemanden dabei erwischen, dass er die öffentliche Ordnung stört und gegen Regeln verstößt, dann sehe ich mich gezwungen, diese Person deutlich zurechtzuweisen.
❑ Stimmt   ❑ Stimmt nicht

5. Ab und zu macht es mir insgeheim Spaß, jemandem die gute Laune zu verderben.
❑ Stimmt   ❑ Stimmt nicht

6. Es ist völlig in Ordnung, wenn ich mein hart verdientes Geld nach Luxemburg bringe, der Fiskus schröpft uns schließlich, wo er kann.
❑ Stimmt   ❑ Stimmt nicht

7. Meine Geduld ist unendlich, wenn es darum geht, andere von ihrem Unrecht zu überzeugen.

❑ Stimmt   ❑ Stimmt nicht

8. Zugegeben, wenn mir jemand etwas erklären will, fällt es mir schwer, aufmerksam zuzuhören – im Grunde haben doch die meisten Menschen keine Ahnung, wovon sie eigentlich reden.

❑ Stimmt   ❑ Stimmt nicht

9. Immer wenn sich die anderen über etwas ganz offensichtlich freuen, ahne ich schon, dass es ein böses Ende nehmen wird – und versuche, ihre Euphorie entsprechend zu dämpfen.

❑ Stimmt   ❑ Stimmt nicht

10. Was ich alles kann und weiß, ist schon beachtlich. Ich habe auch keine Scheu, anderen von meinen Fähigkeiten zu berichten, damit sie zu schätzen wissen, was sie an mir haben.

❑ Stimmt   ❑ Stimmt nicht

11. Die meisten hoch dekorierten Studierten haben ihren Doktortitel doch bloß gekauft oder bei anderen abgeschrieben – es wäre gut, sie alle zu entlarven, am liebsten würde ich das selbst übernehmen.

❑ Stimmt   ❑ Stimmt nicht

12. Es gibt Leute, da habe ich schon die Faust in der Tasche, wenn ich die nur sehe.

❑ Stimmt   ❑ Stimmt nicht

13. Mal angenommen, es würde keiner mitbekommen und ich bräuchte auch keine Angst vor Strafe zu haben: Manche Leute sind doch so blöd, die wollen geradezu schlecht behandelt werden ...
❏ Stimmt   ❏ Stimmt nicht

14. Wenn ich erfahre, dass ein Mensch aus meinem näheren Umfeld schlimme Probleme hat, denke ich als Erstes, hoffentlich will er sich nicht ständig bei mir ausheulen.
❏ Stimmt   ❏ Stimmt nicht

15. Die Menschen in meiner Umgebung geben sich große Mühe, mich gnädig zu stimmen – das erzeugt bei mir ein angenehmes Gefühl der Überlegenheit.
❏ Stimmt   ❏ Stimmt nicht

16. Weil ich es geschickt verstehe, anderen meine Aufgaben zuzuschustern, habe ich schon eine Menge Zeit und Nerven gespart.
❏ Stimmt   ❏ Stimmt nicht

17. Nur wenn ich ein Projekt selbst in die Hand nehme, kann ich sicher sein, dass es auch gut klappt.
❏ Stimmt   ❏ Stimmt nicht

18. Selbst wenn ein Mensch mir und anderen zeitlebens übel mitgespielt hat, ist es mir wichtig, ihn nach seinem Ableben als einen liebenswerten Gefährten darzustellen.
❏ Stimmt   ❏ Stimmt nicht

19. Im Fernsehen kann auch wirklich jeder Schwachkopf groß rauskommen und das dicke Geld verdienen – das macht mich richtig wütend!
❑ Stimmt ❑ Stimmt nicht

20. Meine Methode, wenn mir jemand Geld geliehen hat? Ich gehe ihm in den nächsten Wochen aus dem Weg und spekuliere darauf, dass er die Sache irgendwann wieder vergisst.
❑ Stimmt ❑ Stimmt nicht

21. Im Allgemeinen weiß ich viel besser, was für andere gut ist, als diese selbst.
❑ Stimmt ❑ Stimmt nicht

22. Sollte mir jemand bei meinen Plänen in die Quere kommen oder meiner Meinung widersprechen, dann versuche ich, es ihm bei nächster Gelegenheit heimzuzahlen.
❑ Stimmt ❑ Stimmt nicht

23. Jeder, der meine Hilfe ablehnt, hat in Wirklichkeit nur Angst, mich um Unterstützung zu bitten.
❑ Stimmt ❑ Stimmt nicht

24. Dass ich noch nicht groß rausgekommen bin, war echt Pech, denn eigentlich bin ich prädestiniert, als etwas ganz Besonderes angesehen zu werden.
❑ Stimmt ❑ Stimmt nicht

Auswertung

Wie vielen Aussagen haben Sie zugestimmt?

0–4

Na, wie oft haben Sie heute schon Ihren Heiligenschein poliert? Ihren Aussagen zufolge sind Sie wirklich ein übermenschliches Wesen. Sollten Sie tatsächlich mal schlimme Gedanken hegen, müssen wahrscheinlich Weihnachten und Ostern auf einen Tag fallen. Dies ist kein Lob, eher eine Mahnung: Für »Normalsterbliche« ist das Leben an der Seite eines Gutmenschen erster Klasse nämlich kein Zuckerschlecken. Wer will sich schon stets mit jemandem messen, der ein leuchtendes Beispiel für Moral und Nächstenliebe ist? Wir nicht!

Doch wir trauen Ihren Antworten ehrlich gesagt auch nicht so ganz über den Weg. Kann es sein, dass Sie die ganze Zeit überlegt haben, welche Antwort wohl die beste ist, um möglichst optimal bei diesem Test abzuschneiden? Darum ging es aber nicht. Eigentlich wollten Sie doch etwas über sich und Ihren Umgang mit Menschen erfahren. Oder nicht?

5–10

Ihnen ist vielleicht schon etwas mulmig zumute, weil Sie das Gefühl hatten, viel zu oft mit Ja gestimmt zu haben. Keine Sorge, Sie sind im absolut normalen Bereich. Meistens kommen Sie friedfertig und angenehm rüber, nur manchmal haben Sie eben eine kleine Macke und gehen anderen auf den Geist damit. Na und? Das strenge Über-Ich hat bislang noch immer die Kontrolle über Ihr Wesen und wird bestimmt dafür sorgen, dass Sie es nicht übertreiben. Insbesondere bei den Aussagen, bei denen Sie gedacht haben: »Da würde ich am liebsten *kommt drauf an* ankreuzen«, sollten Sie noch einmal in sich gehen: Sind Sie manchmal vielleicht zu streng mit sich selbst? Verbieten Sie es sich zu oft, einigen Ihrer dunklen Seiten nachzugeben? Es ist absolut nichts Verwerfliches daran, seine eigenen Interessen zu vertreten. Nein, Sie müssen jetzt nicht zum Mega-Arschloch mutieren, aber davon sind Sie ohnehin noch meilenweit entfernt.

11–17

Da sind Sie schon knapp am echten Arschloch vorbeigeschrammt. Erhobene Zeigefinger übersehen Sie geflissentlich und Moralapostel können Ihnen gestohlen bleiben. Sie wollen nicht Everybody's Darling sein, haben aber den Anspruch, niemandem ernsthaft zu schaden. Und eines muss man Ihnen lassen: Sie sind wenigstens ehrlich! Und ziemlich impulsiv. Kein rigides Über-Ich hält Sie davon ab, Ihre Wünsche und Träume zu verwirklichen. Nur wenn Ihnen Regeln vernünftig erscheinen, halten Sie sich daran. Sollten Sie die wenigen Freunde, die Sie trotz allem noch haben, behalten wollen, dann empfehlen wir Ihnen, ein wenig umzudenken. Sie sind nun mal nicht allein auf der Erde, und Freundlichkeit und Milde kosten Sie weder Ihre Seele noch Ihren Stolz, werden sich aber immer lohnen, das können wir Ihnen versprechen. Denn als Mittelpunkt der Welt kann man auf die Dauer ganz schön allein dastehen.

18–24

Grausam, aber wahr: Sie sind ein echtes Arschloch. Wer immer Ihnen dieses Buch in die Hand gedrückt hat, meint das als Wink mit dem Zaunpfahl. Obwohl es uns wundert, dass Sie bereit waren, diesen Test zu machen, und dann auch noch so ehrlich geantwortet haben. Überhaupt, wie haben Sie die Lektüre bis zu diesen letzten Seiten durchgehalten? Ach so, Sie haben einfach schon mal bis zum Test vorgeblättert ... Na, dann machen Sie sich am besten sofort ans erste Kapitel und lesen Sie von Anfang an. Viel Vergnügen!

Danksagung

Beide Autorinnen danken:

- allen Männern und Frauen, die uns von ihren persönlichen Arschloch-Erfahrungen berichtet haben, sodass wir gleich zwölf Typen lebensnah vorstellen konnten;
- unseren Testlesern – insbesondere Sara Fricke –, die uns ehrlich ihre Eindrücke nach dem ersten Lesen geschildert haben;
- Sarah Koska für die kurzfristig ermöglichte Fotosession und den Spaß, den wir dabei hatten;
- den Lektorinnen Dr. Annalisa Viviani und Maren Wetcke für die einfühlsame Arbeit am Text, ebenso dem Heyne Verlag für die gute Zusammenarbeit;
- dem Team der Literaturagentur Copywrite – Vanessa Gutenkunst, Caterina Kirsten und Georg Simader – für die ermunternde Begleitung von der vagen Idee zum fertigen Manuskript;
- allen Arschlöchern, die ihnen bislang über den Weg gelau-

fen sind und somit die Gelegenheit boten, mal über das Thema nachzudenken;

- insbesondere Herrn K., den wir nicht persönlich kennen, der uns aber trotzdem ungewollt und unbewusst auf die Idee zu diesem Buch gebracht hat.

Sandra Lüpkes dankt:
- Monika Wittblum, meiner geschätzten Koautorin, die sich trotz stressigen Jobs darauf eingelassen hat, mit einer Krimiautorin (und notorischen Besserwisserin) ein solches Sachbuch zu schreiben;
- Jürgen Kehrer, meinem Mann und liebsten Kollegen, für seine unermüdliche Bereitschaft, in fast allen Lebenslagen über Arschlöcher zu reden;
- Julie und Lisanne für die Geduld, wenn ihre Mutter in den letzten Monaten jede noch so normale Problemsituation ins Psychologische hat driften lassen.

Monika Wittblum dankt:
- Sandra Lüpkes, meiner wunderbaren Koautorin, die mich mit Engelsgeduld durch diesen für mich neuen »Buchentstehungsprozess« geführt und sich vermutlich häufig gefragt hat, ob wir nicht ein Kapitel »Vertrösterin« vergessen haben;
- meinem Lebensgefährten E. H., der mich stets ermutigt hat und mir immer wieder konstruktiver Partner in der GfK-Methode war;
- meinen Freundinnen, die durch ihr begeistertes Nachfragen und drängende Ungeduld halfen, meine Zweifel zu besiegen;
- und last but not least meinem Dienstherrn, der mir durch die Genehmigung der Nebentätigkeit dieses Abenteuer überhaupt erst ermöglicht hat!

Anmerkungen

1 http://www.thefreedictionary.com/ 2009.

2 Robert I. Sutton, *Der Arschlochfaktor.* München 2006.

3 Ralf Degener, *Das Ende des Bösen – Die Naturwissenschaft entdeckt das Gute im Menschen.* München 2007.

4 Detlef Horster, *Moralentwicklung von Kindern und Jugendlichen.* Wiesbaden 2007, Berlin 2008.

5 Werner Güth, Rolf Schmittberger, Bernd Schwarze, »An experimental analysis of ultimatum bargaining«. In: *Journal of Economic Behavior & Organization*, Volume 3, Issue 4. December 1982.

6 Kent Kiehl, Morris Hofman, »The Criminal Psychopath: History, Neuroscience, Treatment, and Economics«. In: *Jurimetrics*, Volume 51, Number 4. 2011

7 Antonio R. Damasio, *Descartes' Irrtum – Fühlen, Denken und das menschliche Gehirn.* München 1997.

8 H. G. Brunner, M. Nelen, X .O. Breakefield, H. H. Ropers, B. A. van Oost, »Abnormal behavior associated with a point muta-

tion in the structural gene for monoamine oxidase«. In: *Science*, Volume 262, Issue 5133. 1993.

9 »Gehirn & Geist« 2011, Interview mit Prof. Dr. Niels Birbaumer, Psychologe, Universität Tübingen.

10 Robert D. Hare, Craig S. Neumann, »Psychopathy as a clinical and empirical construct«. In: *Annual Review of Clinical Psychology*. 2008.

11 Andrew G. Miner, Theresa M. Glomb, Charles Hulin, »Experience sampling mood and its correlates at work«. In: *Journal of Occupational and Organizational Psychology*, Volume 78, Issue 2. 2005.

12 Robert I. Sutton, »Der Arschlochfaktor«, a.a.O.

13 Polizeiliche Kriminalstatistiken 2006 und 2011.

14 Luigi Valzelli, *Psychobiology of aggression and violence*. New York 1981.

15 Die Fakten wurden so verändert bzw. anonymisiert, dass der eigentliche Fall nicht erkannt werden kann und die pathologische Struktur trotzdem sichtbar bleibt.

16 *Diagnostisches und Statistisches Handbuch psychischer Störungen*, übersetzt nach der vierten Auflage des *Diagnostic and statistical manual of mental disorders* der American Psychiatric Association. Deutsche Bearbeitung und Einführung von Henning Saß. Göttingen 1998.

17 Frank Petermann, »Zur Dynamik narzisstischer Beziehungsstruktur«. In: Gestalttherapie. Zeitschrift der Deutschen Vereinigung für Gestalttherapie Heft 1, 1988.

18 Alexander Schuller, »Wahnsinnige Liebe – Droht eine Borderline-Gesellschaft?«. *Hamburger Abendblatt*, 18.02.2011.

19 Peter Fonagy in: Otto F. Kernberg, Hans-Peter Hartmann (Hg.), *Narzissmus: Grundlagen, Störungsbilder, Therapie*. Stuttgart 2006.

20 Peter Stemmer, »Moralischer Kontraktualismus«. In: *Zeitschrift für philosophische Forschung*, Nr. 56. 2002.

21 Edward T. Hall, *The Hidden Dimension*. New York 1966.

22 Jürgen Schmieder, *Du sollst nicht lügen! Von einem, der auszog, ehrlich zu sein*. München 2010.

23 Prof. Albert Vrij, Universität Portsmouth.

24 Frans de Waal, *Der gute Affe. Der Ursprung von Recht und Unrecht bei Menschen und anderen Tieren*. München 2000.

25 Friederike Lange, Verhaltensforscherin an der Universität Wien, in: *Proceedings of the National Academy of Sciences of the United States of America*. Washington, D.C., 2008.

26 Laut Forschungsgruppe der Universität Bremen.

27 Informationsdienst für kritische Medienpraxis. www.idmedienpraxis.de.

28 Uwe Henrik Peters, *Lexikon der Psychiatrie, Psychotherapie und medizinischen Psychologie*, 6. Aufl. München 2011.

29 Heinz Dietrich, *Querulanten*. Stuttgart 1973.

30 Theodor W. Adorno, *Studien zum autoritären Charakter*. Frankfurt a. M. 1973.